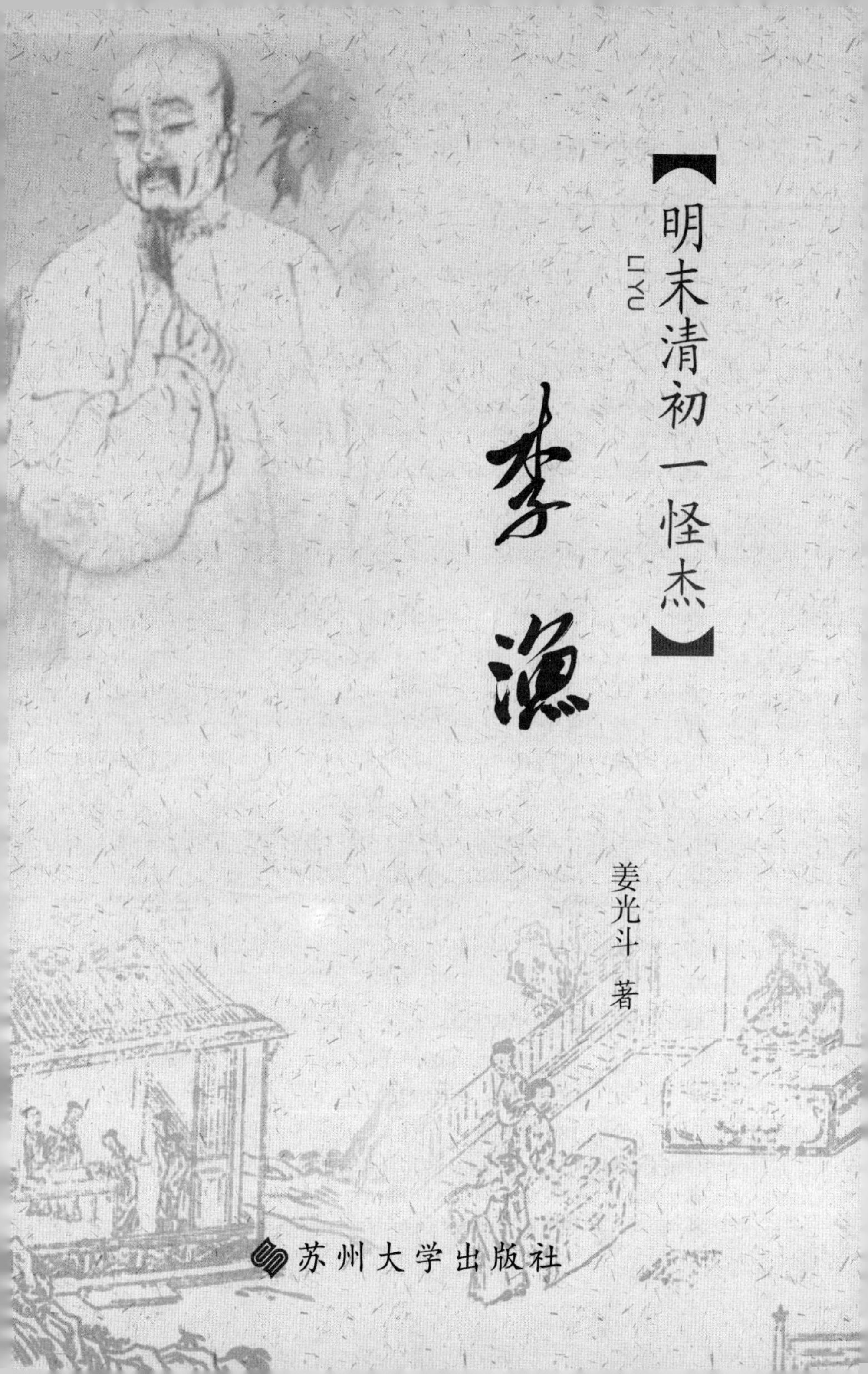

【明末清初一怪杰】

LI YU

李渔

姜光斗 著

苏州大学出版社

图书在版编目（CIP）数据

李渔 / 姜光斗著. — 苏州 ：苏州大学出版社，2012. 8

（江海文化丛书 / 姜光斗主编）

ISBN 978-7-5672-0178-1

Ⅰ. ①李… Ⅱ. ①姜… Ⅲ. ①李渔（1611~约1679）—生平事迹 Ⅳ. ①K825. 6

中国版本图书馆CIP数据核字（2012）第206124号

书　　名	李　渔
著　　者	姜光斗
责任编辑	王晓丹
出版发行	苏州大学出版社 （苏州市十梓街1号　215006）
印　　刷	南通市崇川广源彩印厂
开　　本	890×1240　1/32
印　　张	6.125　　插页 2
字　　数	153千
版　　次	2012年8月第1版 2012年8月第1次印刷
书　　号	ISBN 978-7-5672-0178-1
定　　价	18.00元

苏州大学版图书若有印装错误，本社负责调换

苏州大学出版社营销部　电话：0512-65225020

苏州大学出版社网址　http://www.sudapress.com

“江海文化丛书”总序

李 炎

由南通市江海文化研究会编纂的“江海文化丛书”（以下简称“丛书”），从2007年启动，2010年开始分批出版，兀兀穷年，终有所获。思前想后，感慨良多。

我想，作为公开出版物，这套“丛书”面向的不仅是南通的读者，必然还会有国内其他地区甚至国外的读者。因此，简要地介绍南通市及江海文化的情况，显得十分必要，这样便于了解南通的市情及其江海文化形成的自然环境、社会条件和历史过程；同时，出版这套“丛书”的指导思想、选题原则和编写体例，一定也是广大读者所关心的，因此，介绍有关背景情况，将有助于阅读和使用这套“丛书”。

南通市位于江苏省中东部，濒江（长江）临海（黄海），三面环水，形同半岛；背靠苏北腹地，隔江与上海、苏州相望。南通以其独特的区位优势及人文特点，被列为我国最早对外开放的14个沿海港口城市之一。

南通市所处的这块冲积平原，是由于泥沙的沉积和潮汐的推动而由西北向东南逐步形成的，俗称江海平原，是一片古老而又年轻的土地。境内的海安县沙岗乡青墩新石器文化遗址告诉我们，距今5 600年左右，就有先民在此生息繁衍；而境内启东市的成陆历史仅300多年，设县治不过80余年。在漫长的历史过程中，这里有沧海桑田的变化，有八方移民的杂处；有四季分明、雨水充沛的“天时”，有产盐、植棉的“地利”，更有一代代先民和谐共存、自强不息的“人和”。19世纪末20世纪初，这里成为我国实现早期现代化的重要城市。晚清状元张謇办实业、办教育、办慈善，以先进的理念规划、建设、经营城市，南通走出了一条与我国近代商埠城市和曾被列强所占据的城市迥然不同的发展道路，被誉为“中国近代第一城”。

南通于五代后周显德五年（958）筑城设州治，名通州。北宋时一度（1023—1033）改称崇州，又称崇川。辛亥革命后废州立县，称南通县。1949年2月，改县为市，市、县分治。1983年，南通地区与南通市合并，实行市管县新体制至今。目前，南通市下辖海安、如东二县，如皋、海门、启东三市，崇川、港闸、通州三区和国家级经济技术开发区；占地8 001平方公里，常住人口约770万，流动人口约100万。据国家权威部门统计，南通目前的总体实力在全国大中城市（不含台、港、澳地区）中排第26位，在全国地市级中排第8位。多年来，由于各级党委、政府的领导及全市人民的努力，南通获得了“全国文明城市”、“国家历史文化名城”、“全国综合治理先进城市”、“国家卫生城市”、“国家环保模范城市”、“国家园林城市”等称号，并有“纺织之乡”、“建筑之乡”、“教育之乡”、“体育之乡”、“长寿之乡”、“文博之乡”等美誉。

江海文化是南通市独具特色的地域文化，上下五千年，南北交融，东西结合，具有丰富的历史内涵和深邃的人文精神。同其他地域文化一样，江海文化的形成，不外乎两种主要因素，一是自然环境，二是社会结构。但她与其他地域文化不尽相同之处是，由于南通地区的成陆经过漫长的岁月和不同阶段，因此移民的构成呈现多元性和长期性；客观上又反映了文化来源的多样性以及相互交融的复杂性，因而使得江海文化成为一种动态的存在，是“变”与“不变”的复合体。“变”的表征是时间的流逝，“不变”的表征是空间的凝固；“变”是组成江海文化的各种文化“基因”融合后的发展，“不变”是原有文化“基因”的长期共存和特立独行。对这些特征，这些传统，需要全面认识，因势利导，也需要充分研究和择优继承，从而系统科学地架构起这一地域文化的体系。

正因为江海文化依存于独特的地理、自然环境，蕴含着自身的历史人文内涵，因而她总会通过一定的“载体”体现出来。按照联合国教科文组织的分类，“文化遗产”可分为四类：即自然遗产、文化遗产、自然与文化遗产、非物质文化遗产。而历史文化人物、历史文化事件、历史文化遗址、历史文化艺术等，又是这四类中常见的例证。譬如，我们说南通历代人文荟萃、名贤辈出，可以随口道出骆宾王、范仲淹、王安石、文天祥、郑板桥等历代名人在南通留下的不朽篇章和轶闻逸事；可以随即数出三国名臣吕岱，宋代大儒胡瑗，明代名医陈实功、文学大家冒襄、戏剧泰斗李渔、曲艺祖师柳敬亭，清代扬州八怪之一的李方膺等南通先贤的生平业绩；进入近代，大家对张謇、范伯子、白雅雨、韩紫石等一大批南通优秀儿女更是耳熟能详；至于说现当代的南通籍革命家、科学家、文学家、艺术家以及各行各业的优秀人才，也是不胜枚举。在他们身上，都承载着江海文化的优秀传统和人文精神。同样，历史文化的其他类型也都是认识南通和江海文化的亮点与切入口。

本着“文化为现实服务，而我们的现实是一个长久的现实，因此不能急功近利”的原则，南通市江海文化研究会在成立之初，就将“丛书”的编纂作为自身的一项重要任务。

我们试图通过对江海文化的深入研究，将其中一部分能反映江海文化特征，反映其优秀传统及人文精神的内容和成果，系统整理、编纂出版“江海文化丛书”。这套“丛书”将为南通市政治、经济、社会全面和谐发展提供有力的文化支撑，为将南通建成文化大市和强市夯实基础，同时也为“让南通走向世界，让世界了解南通”作出贡献。

“丛书”的编纂正按照纵向和横向两个方向逐步展开。

纵向——即将不同时代南通江海文化发展史上的重要遗址（迹）、重大事件、重要团体、重要人物、重要成果经过精选，确定选题，每一种写一方面具体内容，编纂成册；

横向——即从江海文化中提取物质文化或非物质文化的精华，如“地理变迁”、“自然风貌”、“特色物产”、“历代移民”、“民俗风情”、“方言俚语”、“文物名胜”、“民居建筑”、“文学艺术”等，分门别类，进行归纳，每一种写一方面的内容，形成系列。

我们力求使这套“丛书”的体例结构基本统一，行文风格大体一致，每册字数基本相当，做到图文并茂，兼有史料性、学术性和可读性。先拿出一个框架设想，通过广泛征求意见，确定选题，再通过自我推荐或选题招标，明确作者和写作要求，不刻意强调总体同时完成，而是成熟一批出版一批，经过若干年努力，基本完成“丛书”的编纂出版计划。有条件时，还可不断补充新的选题。在此基础上，最终完成《南通江海文化通史》《南通江海文化学》等系列著作。

通过编纂“丛书”，我有四点较深的体会：

一是有系统深入的研究基础。我们从这套“丛书”，看到了每一单项内容研究的最新成果，作者都是具有学术素养的资料收集者和研究者；以学术成果支撑“丛书”的编纂，增强了它的科学性和可信度。

二是关键在广大会员的参与。选题的确定，不能光靠研究会领导，发动会员广泛参与、双向互动至关重要。这样不仅能体现选题的多样性，而且由于作者大多出自会员，他们最清楚自己的研究成果及写作能力，充分调动其积极性，可以提高作品的质量及成书的效率。

三是离不开各个方面的支持。这包括出版经费的筹措和出版机构的运作。由于事先我们主动向上级领导汇报，向有关部门宣传，使出版“丛书”的重要性及迫切性得到认可，基本经费得到保证；与此同时，“丛书”的出版得到苏州大学出版社的支持，出版社从领导到编辑，高度重视和大力配合；印刷单位全力以赴，不厌其烦。这大大提高了出版的质量，缩短了出版周期。在此，由衷地向他们表示谢意和敬意！

四是有利于提升研究会的水平。正如有的同志所说，编纂出版“丛书”，虽然有难度，很辛苦，但我们这代人不去做，再过10年、20年，就更没有人去做，就更难做了。我们活在世上，总要做些虽然难但应该做的事，总要为后人留下些有益的精神财富。在这种精神的支撑下，我深信研究会定能不辱使命，把“丛书”的编纂以及其他各项工作做得更好。

研究会的同仁嘱我在“丛书”出版之际写几句话。有感而发，写了以上想法，作为序言。

2010年9月

（作者系南通市江海文化研究会会长，“江海文化丛书”编委会主任）

李渔画像

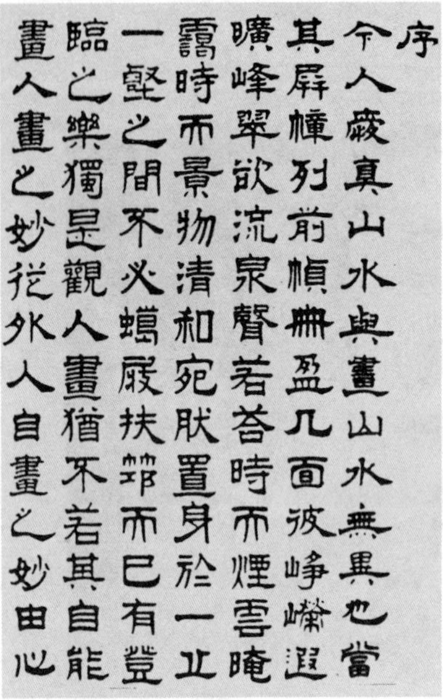

序

今人歲真山水與畫山水無異也當
其屛幛列前楨冊盈几面波峥嶸遐
曠峰翠欲流泉聲若荅時而煙雲晻
靄時而景物清和宛然置身於一丘
一壑之間不必蠟屐扶笻而已有登
臨之樂獨是觀人畫猶不若其自能
畫人畫之妙從外人自畫之妙由心

李渔手迹一

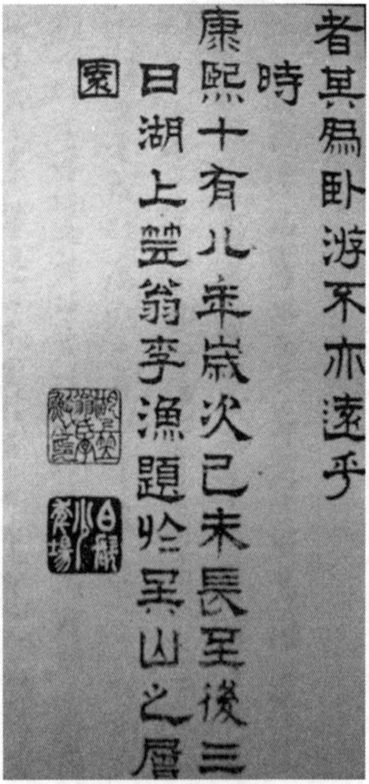

者其爲卧游不亦遠乎
時
康熙十有八年歲次己未長至後三
日湖上笠翁李漁題於吳山之層
園

李渔手迹二

《芥子园画谱》封面（一）

《芥子园画谱》封面（二）

《李渔全集》书影

序

李渔（1611—1680），字笠鸿，号笠翁。初名仙，字滴凡，号天徒。在作品中使用过的别号，还有伊园主人、湖上笠翁、随庵主人、笠道人、觉道人、觉世稗官、新亭客樵、回道人、情隐道人、情痴反正道人等。宗谱尊称为“佳九公”。当时文坛也有称他为“李十郎”的。祖籍兰溪（今浙江省兰溪市），出生于如皋，二十四岁前生活于如皋，应属于南通市的古代杰出文学家。

李渔有“中国的莎士比亚”之称。莎士比亚是英国享有世界盛誉的大戏剧家，现存37部剧本、2首长诗和154首十四行诗。他的37部剧本，有历史剧、喜剧、悲喜剧、悲剧、传奇剧五种类型。李渔现存10部剧本，主要是喜剧，虽然他剧本的数量与品种比不上莎士比亚，但他还有阐述戏剧理论和其他美学思想的理论著作《闲情偶寄》，他还亲自担任戏剧导演，组织领导他的家庭戏剧班子到处巡回演出。他还为后人留下了十多篇小说、一千多首诗词、不少楹联和文章。他又是园林艺术家，曾设计营建过伊山别业、芥子园和层园，还是清代杰出的民营出版家，在他生前和死后，芥子园书铺曾出版过数百种珍本、善本书籍。而这些，却是莎士比亚所没有的。

也有文学史专家将李渔称为"明末清初一怪杰"。这是指李渔一生没有做过官，主要从事戏剧和文学事业，靠卖文和演戏来维持生活，是中国封建社会中少见的"专业作家"，并且才华横溢，成就突出，令人瞩目。

当然，也有从封建腐朽的立场上来诋毁李渔的。《娜如山房说尤》卷下中记载袁于令的话说："李渔性龌龊，善逢迎，游缙绅间，喜作词曲小说，极淫亵，常挟小妓三四人，子弟过游，使隔帘度曲，或使之捧觞行酒，并纵谈房中，诱赚重价，其行甚秽，予曾一过，后遂避之。"而董含在《三冈识略》卷四中则抄袭了袁于令的话，并且添油加酱地加了几句："李生渔者，号笠翁，居西子湖，性龌龊，善逢迎，遨游缙绅间，喜作词曲小说，备极淫亵，常挟小妓三四人，遇贵游子弟，便令隔帘度曲，或使奉觞行酒，并纵谈房中术，诱赚重价，其行甚秽，真士林所不齿者，余曾一遇，后遂避之……"

那么，最先攻击李渔的袁于令是什么人呢？他的人品又如何呢？

袁于令，吴县人，明末生员，住在苏州因果庵时，因恋一妓女被革去学籍。清兵南下时，吴地豪绅请袁于令草降表进呈，因功授荆州太守，十多年没有升迁，后因得罪而免官。他降志事清，气节根本比不上李渔，是正人君子所不齿的。而他的品德则更差，《三冈识略》卷七《口舌报》中写道："吴中有袁于令者字箨庵，以音律自负，遨游公卿间。所著《西楼记》，优伶甚传之，然词品卑下，殊乏雅驯，与康王诸公作舆台，犹未首肯，其为人贪污无耻，年逾七旬，强作少态，喜纵谈闺阃事。每对客淫词秽语，冲口而发，令人掩耳，余屡谓人曰：'此君必受口舌之报。'未几寓会稽，冒暑干渴，忽染异疾，觉口中奇痒，因自嚼其舌，片片而堕，不食二十余日，竟不能出一语，舌根俱尽而死。”“口舌之报”虽属迷信，不足凭信，但这位袁于令自己的道德品质如此差劲，却偏要恶意中伤李渔，真令人齿寒！

而那位道貌岸然的董含呢，则完全是鹦鹉学舌，恶意造谣。且来看看所谓“性龌龊，善逢迎，遨游缙绅间”“真士林所不齿者”，是否符合事实。据《李渔全集》单锦珩先生所撰《李渔交游考》，与李渔交游的共800多人，其中官员占了一半，有400多人，官员即缙绅，而缙绅与士林是交叉的，很多人既属缙绅，又属士林。李渔所交往的，有不少是当时名望与地位极高的人物，如吴梅村、钱牧斋、龚芝麓、丁药园、宋荔裳、施愚山、严灏亭、王阮亭、王西樵、曹顾庵、毛稚黄、陆丽京、孙宇台、柴绍炳、丁药园等，并且有不少名人对李渔的作品作了评点，有的对李渔的作品则写了推介评论文章，评价都极高（详见以后的具体论述），所谓“士林所不齿”实在是无稽之谈！

当然，李渔拥有众多姬妾，他的家乐班子的演员也是姬妾，他对于女人的感情不可能像一夫一妻制社会的男人那么专一。但我们绝不能用现在的标准去要求生于400年前的古人。实际上，李渔并不薄情寡恩，看他对于乔、王二姬的感情，就可以窥测其余了。

总之，李渔虽有他的历史局限性，却是一位值得肯定的古代作家，并且还是一位世界级的文化大师。

目 录

李渔在如皋度过青少年时期
（1611—1634）

关于李渔的出生地，敦睦堂《龙门李氏宗谱》（以下简称《宗谱》）有“生斯长斯”的记载，指的是今浙江省兰溪市孟湖乡夏李村。但这个记载是错误的，李渔的出生地在如皋，直到二十四岁时他才离开如皋。首先，李渔在《与李雨商荆州太守》一文中写道：“渔虽浙籍，生于雉皋（如皋），是同姓而兼桑梓者也。”明确地宣告了自己生于如皋。并且，他的全家以及他的伯父李如椿全家也都生活在如皋。伯父行医，父亲做药材生意。他自称“乳发未燥”，常随父辈游于大人之门。李渔还有“累世学医翻善病”的诗句，在他的诗文集中，提到医药的地方很多，说的都是内行话，更说明他从小确实是跟从父辈学医、做药材生意的。黄鹤山农《玉搔头序》说李渔“家素饶，其园亭罗绮甲邑内，久之中落”。的确，旧时行医和做药材生意是很容易致富的。那么，从什么时候起才家道中落的呢？这应该在他的父兄去世后。

李渔十九岁时父亲病逝。李渔写了篇《回煞辩》，批评了“避煞”的风俗。“避煞”是如皋的民间习俗，指由巫者占卜，以了解去世的亲人灵魂什么时候回家，灵魂回家时有“煞”依附于灵魂，家中所有的人都应回避，这叫“避煞”。有的书上认为“避煞”是兰溪的风俗，这是片面的。其实，“避煞”恰恰也是如皋的风俗。《如皋县志》卷八《方俗·丧葬》载：“回煞日，空房徙避，亦有迎而禳祓者，拂经殊甚。”由此可见，李渔的父亲是在如皋病逝的，葬在如皋。李渔的《回煞辩》写道：

回煞之说，不知昉于何时？大抵殷俗尚鬼，其时士大夫欲神生死之事，故设为是说，愚民信以为实，遂蔓延至今，未可知也。

人死，未卜殡殓之期，先筮回煞之日。至其日，举家徙宅避焉，虽僮仆、鸡犬，靡有留者。未避之先，埒羹糗牲醴于堂，以俟其来享；又筛葭灰于几席之上，及巷弄门阈之间，以验其来之迹。夫煞之果回与否不可知，而猫犬乌鹊之属，见室无人，来啄牲糗，爪痕印地，家人见之，遂以为神果来也。夫迹形之所出，形之不有，迹于何来？甚矣，小民之愚，而传说者之过也！

余生平恶闻影响之谈，于妖邪惑众之事，必辟之是力。己巳，丁失怙忧，日者告余曰：“某日回煞，请徙宅避之。”予曰：“予惑是久矣，请与子辨之。煞果有乎？”曰：“有。有雌煞，有雄煞。人死则二煞与魂相依，若罔两与影之不相脱也。”“有则果回乎？”曰：“焉有人死而煞不回者！”“回则果当避乎？”曰：“趋吉避凶，古有明训，奈何不避？”予曰：“此予所以惑也。夫无煞则不必避，使诚有煞，则又不当避。孝子于亲之殁，有刻木以肖其形者，有于诗书、杯棬征其手口之遗泽者，皆以亲之不可再见也；今既惠然肯来，将逆之不暇，何避之有？”日者曰：“煞神枭恶，触之则祸作；非避亲也，避煞神也。”予曰：“然则予惑滋甚！吾闻光明正直之谓神，慈善岂弟之谓神，未闻不以德著而枭恶是闻之得为神者也。若啜牲糗于无人之地，遇人则降之殃，此殃厉之为，而神为之乎？”日者曰：“然则杭人作乐以迓煞，子又以为何如？”予曰：“迓则近情，而衰中陈乐，又叛乎礼，特彼善于此耳。”曰：“以子言之，必如何而可？”予曰：“筮其期可也，絜酒击牲以待之可也。若举家徙宅而避之，是塞人子念亲之心，开天下倍本之渐，此先王之教所不容也。日者“唯唯”、“否否”而去。

予于是夕，张炬设席于中堂，诵《蓼莪》之篇，读大小戴之记，涕泗达曙，而不闻影响。作《回煞辩》。

这篇文章有理有据地批判了“避煞”这种迷信风俗的愚昧无理，并且还明确指出杭州一带，不仅不避煞，反而要迎煞。由此更可证明，“避煞”的风俗绝不是李渔祖籍浙江兰溪的风俗，而恰恰是如皋的风俗。钱牧斋评论说：“《回煞》《乌鹊》二辨，可以砭愚，可以善俗，是有关风教之文，当正襟危坐读之。”倪闇公评论说：“绝大议论，何千古无人道及，迟之以待笠翁！”

他在《过雉皋忆先大兄》一诗序言中说：“大兄殁于此地，旅榇在焉。”诗曰：

一望皋城百感生，无兄何暇说嘤鸣？
可怜夜月飞鸿雁，不忍春花看紫荆。
在日埙篪无可乐，别来急难有谁惊？
明朝谒墓愁风雨，一哭能教地有声。

从首句“一望皋城百感生”，可见李渔对桑梓地如皋的感情之深。

李渔和他的父兄一起在如皋度过了漫长的二十四年，如皋留下了他美好的回忆。父兄早逝，葬于如皋。重回如皋时当然会百感交集，不能自已。他还在《咏绿烛和雉皋诸友》一诗中以极浓的感情抒写了他对于过去曾跟他唱和过的诗友的深情（引诗见后文）。

李渔难以忘怀如皋，还在他的作品中留下了不少如皋的方言土语。现略举数例于下：

今日也门户，明日也门户，门你的头，户你的脑，除了龙王

家里，就不吃饭了？（《蜃中楼·姻阻》）

门户：如皋方言，原为一名词，可拆开当动词用，与宾语“头脑”配合，表示嘲讽。比如对“荣华”不满，可说成：荣华，荣华，荣你的头，华你的脑。

万一人不像人，鬼不像鬼，倒把个如花似玉的女子揌上门去，送与那丑驴受用，有什么甘心？（《十二楼·拂云楼》）

揌：如皋方言，将东西强塞给人。《如皋县志·方俗志·方言》：“揌，强与人物也。”

那些家人之女都是顽皮不过的，张得小姐去睡，就大家高兴起来，要到池内采荷花。（《十二楼·夏宜楼》）

他立在篱笆外面张得一张，看见娘子，就像没趣的一般，连忙走了开去。（《连城壁·贞女守贞来异谤，朋侪相谑致奇冤》）

张：如皋方言，偷看。《如皋县志·方俗志·方言》：“张，私窥也。”

你们二人都是有窍的人，为甚么丢了钥匙不拿来开锁，倒用铁丝去掭？万一掭𢶍了簧，却怎么处？（《十二楼·萃雅楼》）

𢶍：如皋方言，指锁中弹簧被卡住。

从此以后，每日梳完了头，定要修一次养，不但浑身捏高，连内里都要修到。（《连城壁·待诏喜风流攒钱赎妓，运弁持公道舍米追赃》）

高：如皋方言，遍也。捏高就是捏遍，全都捏到。

趁得钱来又不想做人家，尽着受用。（《十二楼·鹤归楼》）

做人家：如皋方言，指节约用钱，勤俭持家。

他那时节的家私，齐头有一万，舍得一年有余，也就去了二千。（《连城壁·仗佛力求男得女，格天心变女成男》）

齐头：如皋方言，整整，整数。

家人拿了一把薄刀，将砖头撬去一块。（《连城壁·清官不受扒灰谤》）

薄刀：如皋方言，即菜刀。

老娼根！你不知同那个孤老吃了几杯脓血，在这里发骚风。（《风筝误·媒争》）

孤老：如皋方言，即姘头，有不正当性关系的人。脓血：如皋方言，指酒。发骚风：如皋方言，一般是骂女人乱发脾气。

从以上这些例证可知，李渔必定在如皋生活过，且长期耳濡目染，因此写作时就极自如地将这些方言写进作品中去了。

李渔十五岁时写有《续刻梧桐诗》，题下自注："此于总角时作。向有龆龄一刻，皆儿时所为，灾于兵火，百无一存。兹记忆数篇，列于简首，以示编年之义。"诗云：

小时种梧桐，桐本细如艾。针尖刻小诗，字瘦皮不坏。
刹那三五年，桐大字亦大。桐字已如许，人长亦奚怪。
好将感叹词，刻向前诗外。新字日相催，旧字不相待。
顾此新旧痕，而为悠忽戒。

"悠忽"是游荡、放荡的意思。李渔从小告诫自己，应抓紧时间学习，千万不要游荡。所以钱牧斋评为："龆龀时便惜分阴，宜其以文章名世也。"

李渔十七岁时所作七律《丁卯元日试笔》曰：

岁朝毕竟异寻常，天惜晴明日爱光。
春气甫临开冻水，寒梅旋吐及时香。
尊前有酒年方好，眉上无愁昼始长。
最喜北堂人照旧，簪花老鬓未添霜。

正月初一那天天气晴朗，阳光明媚，寒梅吐香，双亲健康，饮酒祝贺，全家喜气洋洋。诗写得清新明爽，富有朝气。当时李渔于诗书六艺之文，已"浅涉一过"，下笔千言了。

《如皋县志》卷三《古迹》中还记载了李渔年轻时刻苦读

《玉搔头》插图

书的情景:“老鹳楼在李家堡南街,自明以来,不详建之谁氏。昔有鹳鸟乘海潮来栖楼上,虽炎暑,蚊虫绝迹,人咸异之,故名其楼曰老鹳。明季,诗人李笠翁尝侨寓此,自后屡易其主。”李家堡即李堡镇,现属海安县,当时属如皋县。李渔在夏天为了躲避蚊虫,曾到李家堡的老鹳楼去专心读书。“明季”的时间概念比较宽泛,泛指明朝末年,崇祯时期均可称“明季”,大约在崇祯三年(1630)到崇祯七年(1634)即李渔二十岁至二十四岁之间,应当是为参加科举考试集中精力做准备。

那么,李渔二十四岁时为什么又要离开如皋回到原籍兰溪去呢?这主要是为了参加科举考试。李渔自父兄去世后家道中落,而他从小就刻苦读书,在这种情况下当然希望能通过科举考试博取功名富贵,从而改善生活条件。而参加科举考试必须回原籍,如果“冒籍”,后果是极其严重的。

李渔在兰溪和金华的时期
（1634—1649）

李渔二十五岁时初次参加兰溪乡试。主试官、浙江提学副使许豸对其大为赏识，高兴地说：“我在婺州得到一名五经童子，这难道不是一件罕见之事？”并将李渔的试卷印成专帙，每到一个地方便广为宣传。四十年之后，李渔仍没有忘记这件事，怀着深情回忆道：“侯官夫子（按指许豸）为先朝名宦，向主两浙文衡。予出赴童子试，人有专经，且间有止作书艺而不及经题者，予独以五经见拔。吾夫子奖誉过情，取试卷灾梨，另为一帙。每按一部，辄以示人曰：‘吾于婺州得一五经童子，讵非仅事！’予之得播虚名，由昔徂今，为王公大人所拂试者，人谓自嘲风啸月之曲艺始，不知实自采芹入泮之初，受知于登高一人之说项始。”（《笠翁文集·春及堂诗跋》）李渔明确地表明，他的成名，开始于初次参加科举考试时，就博得了地方官许豸的赏识。

崇祯十二年（1639），李渔二十九岁，应童子试于金华，以五经见拔。到了夏天，又赴省城杭州应乡试，却落榜了。落榜后，作《榜后柬同时下第者》诗云：

才亦犹人命不遭，词场还我旧诗豪。

携琴野外投知己，走马街前让俊髦。

酒少更宜赊痛饮，愤多姑缓读《离骚》。

姓名千古刘蕡在，比拟登科似觉高。

表面上的旷达掩不住骨子里的牢骚与不满。

第二年正月初一，作《凤凰台上忆吹箫·元日》，词曰：

昨夜今朝，只争时刻，便将老幼中分。问年华几许？正满三旬。昨岁未离双十，便余九、还算青春。叹今日，虽难称老，少亦难云。　闺人，也添一岁，但神前祝我，早上青云。待花封心急，忘却生辰。听我持杯叹息，屈纤指，不觉眉颦。封侯事，且休提起，共醉斜曛。

看结尾几句，情绪已相当消沉。到了崇祯十五年（1642），他又去参加乡试，中途闻警折回，心情有了很大的变化，不仅没有发牢骚，似乎还有点高兴。他在《应试中途闻警归》诗中说："正尔思家切，归期天作成。诗书逢丧乱，耕钓俟升平。"动乱使他思家心切，动乱使他放弃了考试，他想等到天下太平之时再说。可是，到了清初，虽然天下太平，但改朝换代使他的心境发生了很大的变化，从此李渔再也没有去应考，而是以卖文献艺作为自己终生的职业。

崇祯十二年（1639），李渔在萧山县虎爪山遇盗，幸免于难。李渔后来回忆说："贿以重赀者得免，不则立毙，予囊无一钱，自分必死，延颈受诛，而盗不杀。"

崇祯十六年到顺治二年(1643—1645)，金华、兰溪一带兵荒马乱，烽火连天。盗贼四处劫杀，马士英残部、方国安败兵疯狂抢掠，李渔深受战乱之苦，东躲西藏，到处避难。

《甲申纪乱》写道：

昔见杜甫诗，多纪乱离事。感愤杂悲凄，令人减幽思。

窃谓言者过，岂其遂如是。及我遭兵戎，抢攘尽奇致。

犹觉杜诗略，十不及三四。请为杜拾遗，再补十之二。

有诗不忍尽，恐为仁者忌。初闻鼓鼙喧，避难若尝试。

尽曰偶然尔，须臾即平治。岂知天未厌，烽火日以炽。
贼多请益兵，兵多适增厉。兵去贼复来，贼来兵不至。
兵括贼所遗，贼享兵之利。如其吝不与，肝脑悉涂地。
纷纷弃家逃，只期少所累。伯道庆无儿，向平憾有嗣。
国色委菜佣，黄金归溷厕。入山恐不深，愈深愈多祟。
内有绿林豪，外有黄巾辈。表里俱受攻，伤腹更伤背。
又虑官兵入，壶浆多所费。贼心犹易厌，兵志更难遂。
乱世遇萑苻，其道利用讳。可怜山中人，刻刻友魑魅。
饥寒死素封，忧愁老童稚。人生贵逢时，世瑞人即瑞。
既为乱世民，蜉蝣即同类。难民徒纷纷，天道胡可避。

李渔的意思是说，以前读杜甫的战乱诗，私下里觉得他讲得有点过分了，自从亲身遭受战乱以来，才知道杜甫写得很不够，只写了十分之三四。现在让我来为杜甫补写吧！真是耳闻不如目睹、读诗不如身受啊！尤其是“兵去贼复来，贼来兵不至。兵括贼所遗，贼享兵之利。如其吝不与，肝脑悉涂地”这几句，写兵匪相继为害、涂炭生民，乱世中人民的生命像蜉蝣一样短暂，这情景描写得十分真切，令人感到怵目惊心！

崇祯十六年（1643），李渔三十三岁，居金华、兰溪，金华与兰溪毗邻，仅隔数十里。李渔在两地都有住所，常常往来于两地之间。在此时期，李渔结识了谪居金华之明宗室朱梅溪，并结为至交。他在《朱梅溪先生小像题咏序》中说：“士之获交于王公，殆有天焉，李生于梅溪先生是也。”“李生之重先生也，不以官故，以才故；先生之怜李生也，不以才故，以落拓故。”“先生数奇于仕，李生数奇于儒。”李渔与明宗室感情如此深厚，也表明了他的政治立场。他对清朝是有抵触情绪的，这大概也是他后来再也没有参加科举考试、终生没有做官的原因之一吧！

顺治二年（1645）五月，清兵在扬州大屠杀，之后攻破南京，南明弘光帝朱由崧被杀。六月，清兵入杭州。五、六两月内，清廷连下剃发令。命令极为严厉，所谓“留头不留发，留发不留头”：“今中外一家，君犹父也，子犹民也。父子一体，岂可违异。若不画一，终属贰心。自今布告之后，京城内外限旬日，尽令剃发。遵依者为我国之民，迟疑者同逆命之寇，必置重罪。”而各镇溃兵严重地骚扰浙东。六月，明总兵方国安因为与驻守金华总督朱大典多有嫌隙，率兵攻城，屯兵掠野，至闰六月二十五日才解围。

当时李渔三十五岁，在金华，曾到山中去避难。李渔说：“甲申、乙酉之变，予虽避兵山中，然亦有时入郭。其至幸者，才徙家而家焚，甫出城而城陷。”李渔有《避兵行》诗，诗中写道：“八幅裙拖改作囊，朝朝暮暮裹糇粮。只待一声鼙鼓近，全家尽陟山之冈。”《婺城乱后感怀》写道：“荒城极目费长吁，不道重来尚有予。大索旅餐惟麦食，遍租僧舍少蓬居。故交止剩双溪月，幻泡犹存一片墟。有土无民谁播种，孑遗翻为国踌躇。”“故交止剩双溪月，幻泡犹存一片墟”两句，尤其形象地表现了亲交故友伤亡的惨重以及李渔心境的悲凉。

乱后无家，李渔入许檄彩幕。许檄彩当时担任金华府通判。李渔有《乱后无家暂入许司马幕》：“丧家何处避烽烟，一榻劳君谬下贤。只解凌空书咄咄，那能入幕记翩翩。时艰借箸无良策，署冷添人损俸钱。马上助君惟一臂，仅堪旁执祖生鞭。”抒发了身世飘摇、寄人篱下的凄凉。该年除夕饮酒吟诗，感慨颇深，《乙酉(1643)除夕》写道：“鼙鼓声方炽，升平且莫歌。天寒烽火热，地少战场多。未卜三春乐，先拼一夜酡。忠魂随处有，乡曲不须傩。”

顺治三年(1646)，清兵入浙东，攻陷许多城市，李渔写诗悼念死难者。《婺城行吊胡仲衍中翰》写道：“婺城攻陷西南角，三日人头如雨落。轻则鸿毛重泰山，志士谁能不沟壑。胡君妻子泣如洗，我独破涕为之喜。既喜君能殉国难，复喜君能死知己。”《挽季海涛先生》序曰：“先生司铎长山（金华县），丙戌之难，先生殉焉。”诗云：“服官无冷热，大节总宜坚。师道真堪表，臣心不愧毡。”从这些诗中可见李渔节义凛然！

清兵攻陷金华，李渔回到兰溪故里。《丙戌除夜》一诗写道：“髡尽狂奴发，来耕墓上田。屋留兵燹后，身活战场边。几处烽烟熄，谁家骨肉全。借人聊慰己，且过太平年。”简直到了“过一天算一天”的地步，可见李渔当时处境的艰难。

《避兵归值清明日》诗云：“半月愁眉此日宽，入门先问竹平安。战余柳尚烽烟色，兵去花仍剑戟看。酒市未开沽莫问，干糇已尽食难寒。图书何幸能无恐，一卷南华照旧摊。”写乱后清明节犹有余悸又较宽慰的心境如画。

顺治四年（1647），李渔三十七岁，他准备在故乡兰溪做一名“识字农”了。《山居杂咏》第五首写道：“半生长蹙额，今日小开颜。绿买田三亩，青赊水一湾。妻孥容我傲，骚酒放春闲。独喜林泉福，天犹不甚悭。”并让妻妾养蚕缫丝。

李渔被迫剃发后，曾作《剃发二首》，其一云：“一束匀成几股分，不施膏沐也氤氲。趁伊尚未成霜雪，好去妆台衬绿云。”其二云：“晓起初闻茉莉香，指拈几朵缀芬芳。遍寻无复簪花处，一笑揉残委道旁。”用诙谐的语言讽刺剃发令。乾隆年间禁毁《笠翁一家言》，就指这两首诗“甚为狂悖”。《丁亥守岁》诗中也流露了对剃发的强烈不满：“著述年来少，应惭没世称。岂无身后句，难向目前誊。骨立先成鹤，头髡已类僧。每逢除夕酒，感慨易为增。”

顺治五年（1648），李渔在兰溪营建伊山别业。这是李渔亲自设计的第一个宅居园林，地点在兰溪夏李村东北。据李渔的诗文记述，伊山高三十余丈，别业广不足百亩，像一个地形较高的村落。其中有燕又堂、停舸、宛转桥、宛在亭、踏响廊、打果轩、迂径、蟾影口、来泉灶诸景观。经营这个别业的过程，李渔在其诗中均有反映。他在《拟购伊山别业未遂》中写道："拟向先人墟墓边，构间茅屋住苍烟。门开绿水桥通野，灶近清流竹引泉。糊口尚愁无宿粒，买山那得有馀钱？"接着，《卖楼徙居旧宅》诗又写道："茅斋改灶属朱门，抱取琴书过别村。自起危楼还自卖，不将荡产累儿孙。"别业建成，又写诗告诉友人，作《伊山别业成寄同社五首》，其三云："南轩向暖北轩凉，宜夏宜冬此一方。栽遍竹梅风冷淡，浇肥蔬蕨饭家常。窗临水曲琴书润，人读花间字句香。诗债十年酬未始，拟从今日备奚囊。"可见他对于伊山别业的建成，极为得意。

这期间，李渔在故乡还兴办了公益事业。

1935年重修的飨诚堂《宗谱》卷一《水利》中记载："伊山后石坪，上受厚伦方与胡楼山堰之水，应注伊山畈一带，坪久塌坏，顺治年间笠翁公重砌完固。彼时笠翁公构居伊山之麓，适有李芝芳任金华府刑厅之职，与笠翁公交好，求出牌晓谕，从石坪处田疏凿起，将田内开掘堰坑一条，直至且停亭，复欲转湾伊山脚住宅前绕过。公意欲令田禾使有荫注，更欲乘兴驾舟为适情计也。后因拆生塘胡楠木厅欲建祠中飨堂，胡姓刁诈，事不如愿，结讼终止，此堰坑亦未开掘完局，其石桥复冲坏一段，今改作二段。"

光绪《兰溪县志》卷三《宗谱》云："里之北有且停亭，笠翁公所造也。观其地有伊山环拱屏障于后，清流激湍回环左右，便行人之往来，故作亭于其上，名为十济庵、且停亭，备十景也。"且停亭中有李渔所撰楹联："名乎利乎，道路奔波休碌碌；来者往者，溪山清静且停停。"

李渔居住伊山时，写有《伊园十便》与《伊园十二宜》两组诗，详细记载了他的山居之乐。

《伊园十便》有小序云："伊园主人结庐山麓，杜门扫轨，弃世若遗。有客过而问之曰：'子离群索居，静则静矣，其如取给未便何！’主人对曰：‘余受山水自然之利，享花鸟殷勤之奉，其便实多，未能悉数，子何云之左也！’客请其目，主人信口答之，不觉成韵。”诗云：

耕便

山田十亩傍柴关，护绿全凭水一湾。
唱罢午鸡农就食，不劳妇子馌田间。

课农便

山窗四面总玲珑，绿野青畴一望中。
凭几课农农力尽，何曾妨却读书工。

钓便

不蓑不笠不乘舠，日坐东轩学钓鳌。
客欲相过常载酒，徐投香饵出轻鲦。

灌园便

筑成小圃近方塘，果易生成菜易长。
抱瓮太痴机太巧，从中酌取灌园方。

汲便

飞瀑山厨止隔墙，竹梢一片引流长。
旋烹佳茗供佳客，犹带源头石髓香。

浣濯便

浣尘不用绕溪行，门里潺湲分外清。
非是幽人偏爱洁，沧浪逼我濯冠缨。

樵便

臧婢秋来总不闲，拾枝扫叶满林间。

抛书往课樵青事，步出柴扉便是山。

防夜便

寒素人家冷落村，只凭泌水护衡门。

抽桥断却黄昏路，山犬高眠古树根。

吟便

两扉无意对山开，不去寻诗诗自来。

莫怪囊悭题咏富，只因家住小蓬莱。

眺便

叱羊仙洞赤松山，一日双眸数往还，

犹自未穷千里兴，送云飞过括苍间。

李渔一边种田，一边读书，有时垂钓，有时灌园，环境幽雅，诗兴满怀。他感到十分满足。

《伊园十二宜》则进一步描写了这神仙般的生活：

宜春

方塘未敢拟西湖，桃柳曾栽百十株。

只少楼船载歌舞，风光原不甚相殊。

宜夏

绕屋都将绿树遮，炎蒸不许到山家。

日长闲却羲皇枕，相对忘眠水上花。

宜秋

门外时时列锦屏，千林非复旧时青。

一从浇罢重阳酒，醉杀秋山便不醒。

宜冬

茂林宜夏更宜冬，御却寒威当折冲。
小筑近阳春信早，梅花十月案头供。

宜晓

开窗放出隔宵云，近水楼台易得昕。
不向池中观日色，但从壁上看波纹。

宜晚

牧儿归去钓翁休，画上无人分外幽。
对面好山才别去，当头明月又相留。

宜晴

水淡山浓瀑布寒，不须登眺自然宽。
谁将一幅王摩诘，晒向当门倩我看。

宜阴

烟雾漾漾莫展开，好诗凭着黑云催。
卷帘放却观天眼，多少奇峰作意来。

宜雨

小涨新添欲吼滩，渔樵散去野蓑寒。
溪山多少空濛色，付与诗人独自看。

宜风

鸟归花树蝶过墙，花与邻花贸易香。
听罢松涛观水面，残红皱处又成章。

另有一首《忆王孙》词写道："不期今日此山中，实践其名住笠翁。聊借垂竿学坐功。放鱼松，十钓何妨九钓空？"

李渔在《闲情偶寄》卷六《夏季行乐之法》中说："追忆明朝失政以后，大清革命之先，予绝意浮名，不干寸禄，山居避乱，反以无事为荣。夏不谒客，亦无客至，匪止头巾不设，并衫履而废之。或裸处乱荷之中，妻孥觅之不得；或偃卧长松之下，猿鹤过而不知。洗砚石于飞泉，试茗奴以积雪；欲食瓜而瓜生户外，思啖果而果落树头。可谓极人世之奇闻，擅有生之至乐者矣。后此则徙居城市，酬应日纷，虽无利欲熏人，亦觉浮名致累。计我一生，得享列仙之福者，仅有三年。"这里所说的三年，就是他在故乡伊山别业的三年。

李渔在杭州的时期
（1650—1656）

顺治七年（1650），李渔卖掉了新建不久的伊山别业，迁居杭州，“卖赋以糊其口”。李渔在《卖山券》一文中说：“兵燹之后，继以凶荒，八口啼饥，悉书所有而归诸他氏。”

李渔移家杭州后，诸事已定，新年来临，精神为之一振。他在《辛卯（1651）元日》诗中写道：“又从今日始，追逐少年场。过岁诸逋缓，行春百事忘。易衣游舞榭，借马系垂杨。肯为贫如洗，翻然失去狂。”

夏季，遍游东安（今浙江富阳市西南部）境内诸山，作《黑山记》。这是李渔游记中的一篇名文，文中写道：

时方中伏，臂衣而行。至麓，无级可拾，惟于草木间处，猿步而升。既至，喘如吴牛，席地啜苦茗无算而始定。然志在登览，虽劳弗倦也。

二子乃导余纵观，石之奇者，千态万状，草木亦自有异，以所见之异异之也。俯观下界，绿野如枰，千家棋列，烟火郁然，不可涯际。余登眺之目，自乙酉陟仙华而后，至此复大畅。牧之谓余曰：“此山之景，盛于春秋而衰于冬夏。春则锦日烘花，秋则绣风舞叶。最宜者，晓雾半收，万峰露顶，下方若海，此身疑坐岛中。其在冬夏，则蓊郁莽苍之外，无他可喜。此正山容惨淡时，得免讥弹足矣，胡反誉之乎？”余曰：“登山如品画，春秋设色，反不如冬夏水墨为佳。”二子喜予有别见，于是摘鲜蔬，开藏甓，饮予至醉。

日熹微，法上促归，二子送余于石门。石门者，两石夹道，中可人行，盖天设此险，以锁钥斯峰者也。二子以此为送客之限，遂别去。约二三里，忽有人策其后曰：“日入矣，可疾行，暝则有虎。”余意二子潜蹑予后，回顾杳然，疑为山鬼。法上指穹窿处谓余曰：“人声不在天上乎！”仰视，则二子同倚危石，以目送余。自下徂巅，相距万仞，而声之下也如咫尺，则是山之巉险壁立可概见，是用记之。

李渔用他的生花妙笔为我们描绘了一幅黑山特异的风景画，

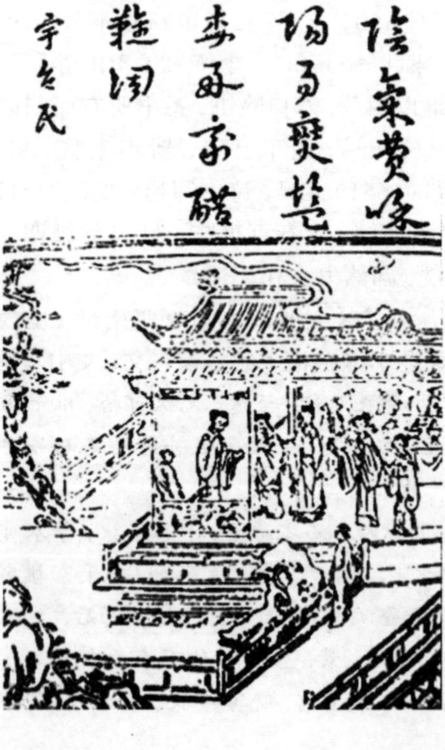

《风筝误》插图

使我们在数百年之后，仍仿佛亲历其境游览了一番。

这段时间里，李渔第一部传奇《怜香伴》问世。

顺治九年（1652），李渔第二部传奇《风筝误》问世。当时人们总是将《怜香伴》、《风筝误》两剧连称。虞镂在《风筝误序》中写道："我笠鸿行悖曾史，才妙机云，芳体锦心，几于遗世独立，顾以负俗之累，悴游泽畔。"石鲸《柬李笠翁》曰："《怜香》、《风筝》诸大刻，弟坐卧其中旬日矣。丹铅匝密，评赞如鳞，每食必藉以下酒。昨者偶失堤防，竟为贪人攫去，不啻婴儿失乳。敢向左右，再乞数册，以塞无厌之求。得则秘枕，虽同寓诸子垂涎，不使入帐也。"将这两剧当下酒菜，还遭到小偷的光顾，由此可见这两个剧本在当时受欢迎的程度。

李渔四十三岁（1653）时曾到故乡通州游览，与范国禄、罗休、杨麓等于芙蓉池上观荷，与范国禄、姚咸、吴彦周、詹瑶、凌录等同赏腊梅。

范国禄的《芙蓉池上同李渔、罗休、杨麓拏舟观荷》诗（见范氏《十山楼集》）写道：

倚山池馆就凉开，香泛荷花水半隈。

欲向中流操楫去，却从陆地荡舟来。

美人笑解江皋珮，醉客吟登泽畔台。

日暮风光青渺渺，蒲菰杨柳一湠洄。

范国禄的《姚咸招同吴彦国、李渔、詹瑶、凌录赏腊月桂花》诗（见范氏《十山楼集》）写道：

摇落霜林后，惊秋渺一园。玉烟依叶净，金雪压枝繁。

瘦欲纫云影，幽宜淡月痕。岁寒情不尽，招隐荷香温。

李渔的《咏绿烛和雉皋诸友》大概也写于这期间：

兰汁凝膏彻晓煎，沉沉相映夜如年。

擎来看竹浑无际，秉去题蕉只有天。

火树依然成绿树，金莲忽尔幻青莲。

汉宫昨夜新传出，春色平分御柳烟。

他们荡舟观荷，在月光下品赏腊梅，秉烛夜游，倾心交谈，其乐融融。

这一年，李渔的《意中缘》传奇问世，此剧写的是著名书画家董其昌和名媛杨云友的恋爱故事。

《蕙风词话·续编卷二》载：

（杨）成岫，字云友，钱塘人。略涉书传，手谈齿句、斗茗弹丝并皆精妙。爱云间董宗伯书画，刻意临抚。每一著笔，辄能乱真。今妩媚而失苍劲者，皆云友作也。戊子春，宗伯留湖上，见云友所仿书画甚夥，自不能辨。后得徵士汪然明言其详，即为蹇修，结褵于不系园。时云友年二十二矣。归董后得徵士汪然明言其详琴瑟静好，谱入《意中缘》传奇。有《慧香

《意中缘》插图

馆集》。《菩萨蛮》云："绿杨深处黄鹂坐，苍苔门巷无人过。帘卷接湖光，六桥车马忙。　锦塘花历乱，云拥雷峰暗。触绪抚瑶琴，澄怀一寄心。"

李渔是汪然明不系园中常客，二人经常以诗词唱和。《意中缘》中的江怀，其原型很可能就是汪然明。

顺治十一年（1654），李渔开始搜集明清官吏的案牍文章，编辑《资治新书》。《资治新书》，顾名思义，是供各级官员治理政事作参考用的。书分初集和二集，共收文一千二百多篇，分文移、文告、条议、判语四部，下分钱粮、刑名、学政、军政等六十余门类。书前刊有李渔的《自题辞》和《征文小启》；卷首冠有李渔自著的《祥刑末议》（《论刑具》、《论监狱》）和《慎狱刍言》（《论人命》、《论盗案》、《论奸情》、《论一切词讼》）等文章，卷中则有李渔所加的圈点和品评。

张道勤在《李渔全集·〈资治新书〉》校点前言中说："《资治新书》问世时，曾在社会上引起较大反响，'大江南北，翻刻甚夥'。清亡后，作为'宦海津梁'的作用逐渐消失，此书也遂受冷落。近现代，研究历史的人属意于正史、野史，研究文学的人又忽视案牍文章，遂使这部囊括明清社会生活中各阶层各侧面大小典型矛盾事件弥足珍贵的第一手档案资料，逐渐被人遗忘。其实，认真研究一下这部著作，我们就可以发现，不仅书中有关经济制度、纲纪政令方面的文移、文告、条议、谳词，对今日各项政策的制定，特别是司法部门的工作，有着重要的历史参考价值，就是当时各级官吏处理政务，分析解决矛盾的方式方法，在今天也不乏借鉴之用。此外，书中不乏文采斑斓之作，颇多鲜为人知的词语，因此，此书对研究文学、语言及编修词书来说，都是一片可供博览和搜采的苑囿。当然，此书是作为《李渔全集》的一部分，与李渔的其他著作配套出版的，从李渔自撰的文章和所作的

《怜香伴》插图

评语中，读者更可深一步地了解李渔其人及其思想全貌。”

顺治十二年（1655），“邻家失火，三面皆焚”（《闲情偶寄·饮馔部》），而李渔家安然无恙。这年冬天，写成《玉搔头》传奇。黄鹤山农《玉搔头序》说：“《玉搔头》者，随庵主人李笠翁所作。其事则武宗西狩，载在太仓王长公《逸史》中。其时则有逆藩之窥觊，群邪之盗弄，王新建之精忠，许灵宝父子之正直，及刘娥之凛凛贞操，无一不可以传，而惜未有传之者。乙未冬，笠翁过萧斋，酒酣耳热，偶及此，笠翁即掀髯耸袂，不数日谱成之。”

顺治十三年（1656），小说《无声戏》一集问世。杜濬

（于皇）在为《无声戏合集》所作序中曰：“笠翁近居湖上，闭户搦管，额额不休。视其书，非传奇即稗官野史。予谓古人著书，如班固、袁宏、贾逵、郑玄之徒，皆以经史传当世，子何屑屑此事为？笠翁微笑不答。予因取《无声戏》一集，暨《风筝误》、《怜香伴》诸传奇读之。其深心俱见于是。李子洵当世有心人哉！”

李渔往来于江宁、杭州之间的时期
（1657—1661）

顺治十四年（1657），李渔携带妻女居住江宁（今南京）。当年《奈何天》传奇问世。胡介在《奈何天序》中称赞道："笠翁艳才拔俗，藻思难羁。所著稗官家言及填词楔曲，皆喧传都下，价重旗亭，率怜才好色者十之六七。唯传阙里侯事，一去陈言，尽翻场面，唯才色者是厄焉。何也？吾知笠翁其有忧乎！"

同年《无声戏》第二集问世。伪斋主人在《无声戏序》中，对这部小说评价很高，他认为："以为戏可，即以为《春秋》诸传亦可。"

顺治十五年（1658），李渔往来于江宁、杭州之间。仲春，黄鹤山农为《玉搔头》作序，曰："笠翁髫岁即著神颖之称，于诗赋古文辞罔不优赡。每一振笔，漓漇风雨，倏忽千言，当途贵游与四方名硕，咸以得交笠翁为快。家素饶，其园亭罗绮甲邑内。久之中落，始挟策走吴越间，卖赋以糊其口，吮毫挥洒怡如也。嗟乎，笠翁有才若此，岂自知瓠落至今日哉！"

小说《十二楼》（一名《觉世名言》）问世，署名觉世稗官。杜浚作序，署名钟离浚水，称渔为觉道人。序曰："是编以通俗语言，鼓吹经传；以入情啼笑，接引顽痴。"并引用了李渔自己说过的话："吾于诗文，非不经心，而得心应手，终不敢以稗官为末技。"

顺治十六年（1659），李渔四十九岁，往来于在江宁、杭州之间。七月初七乞巧节那天，在杭州寓所接待方文（尔止）。方有《七夕饮李笠鸿斋头》、《访李笠鸿》诗记述此事。《访李笠鸿》曰："秋舠归自莫愁湖，又买西陵宅一区。僻地重开浣花径，深闺双产夜明珠。琴书有托何妨老，宾从相过合与娱。我亦明年四十九，不知能步后尘无？"（自注：笠鸿长予一岁，是年连举二子。）

纂辑《古今史略》告成。《古今史略》是李渔根据数十种记载纂辑而成的历史普及读物。全书共十二卷，从远古的传说时代起，一直到明崇祯十七年（1644）清军入关进北京城止。宋元以前计七卷，有明一代则占五卷之多。很明显，重视当代史，"略所有而详所无"，是此书的重要特点。

《古今史略》鲜明地反映了李渔的史学观点。李渔在大量的眉批中，直率地提出了个人对历史事件的看法。他在《古今史略序》中说：

史体尚详乎？曰：弗尚也。详则寡精义，丰溢辞，说铃书肆而已矣。故班详于马而逊于马，陈、范详于班而远逊于班。厥后浮夸繁冗，一事数百其言，读者茫然，得失端委莫之镜，不终篇而厌倦欠伸从焉。顾安得良史才锄冗浮而毋匿其采，衷详略以归至当乎？夫略亦难言矣，有宜焉，有称焉。识不足衡重轻、准是非、别端绪者，不知略；学未始窥三仓、历"四部"者，不敢略；力未能辨体割爱工剪裁者，不善略。余匪其人而有其志，尝日进古今纪载数十种陈于前，澄其神而读之，汰繁芟冗，取其精而有当者，笔为书，命曰"史略"。然略于古不敢略于今，而尤不敢略于熹、怀二庙。盖以历代有史而明无史，怀帝以前，尚有《通纪》可考，而熹庙以后，遂无书可读故也。略所有而详所无，倘亦于见闻有裨邪。凡今之人，有欲考古鉴今而苦厌倦者，请以此药之。矧行笥出入，簦屐与俱，莫此为便，眂徒汗牛马、果鼠蠹者，不殆径庭乎？此所以公之同好也。

《李氏五种》问世。这是李渔的第一部传奇集。

孙治（宇台）《李氏五种总序》曰："余往观优，见有《怜香伴》者，雅为击节。已又得《风筝误》本，读而善之。客有识李生者，曰：'是乃笠翁李生所为作也。'余以为其人必嵚奇历落，不可一世。与之周旋。又胡温然善下，退让君子。乃发其藏，前后共得五种。余既卒业而叹曰：'嗟乎！子其以周、柳之制，写屈、马之蕴者耶？若使子高步承明之上，蹀足石渠之间，与人主朝夕讽议，卒安得发愤从事于笺笺者为？余有以知子之不得已也。'然即就五种而论之，其壮者如天马之鸣霹雳，其幽者如纤林之响落叶；其诙谐如东方舍人射覆于万乘之前，其庄雅如魏邴丞相谋谟于议堂之上。而总以寄其牢愁之感，写其抑郁之思。挂玉钗于东墙，赠荆珠于洛浦，离合变化，出鬼入神。於乎，岂独词翰之飞黄，才思之神皋哉！天下后世之才人硕女，必有读是书而咏叹感泣者矣。虽以颛愚如余者，亦将熔金为贾岛像而拜之赞之也。然则李子又安谓之不得已也。"

顺治十七年（1660），李渔五十岁，在杭州。

八月初七，庆祝五十寿辰。有《五十初度答客贺》："尽日为农曲水边，偶因客至罢耘田。穷愁岂复言初度，衰病空劳祝大年。艾不服官今已矣，岁当知命却茫然。纷纷燕贺皆辞绝，止受心交一字怜。"

第一子将舒（陶长）出世。晚年得子，喜不自胜，作《五十生男自题小像志喜》，诗中写道："年逾四十便萧条，人说愁多面色凋。欢喜若能回老态，十年霜鬓黑今宵。"《庚子举第一男时予五十初度》诗中写道："五十生男命不孤，重临水镜照头颅。壮怀已冷因人热，白发催爷待子呼。天忽有知怜伯道，鹤愁失爱媚林逋。百年欠事惟汤饼，尽解青钱为客沽。”白发变黑，天怜伯道，其喜悦之情可想而知。

纂辑《尺牍初征》告成。所选书信作者主要是李渔同时代人，也有少量为李渔的前辈。总数约六七十人。李渔在《征尺牍启》中说：“三十年间，兵燹以来，金石鸿编，遗弃殆尽，而况名贤手迹耶！仆广为搜猎，淹久岁月，仅有是编，颜曰初征。”李渔后来又纂辑《古今尺牍大全》八卷，起于春秋战国，迄于明朝，是为《初征》前编。吴伟业（梅村）为《尺牍初征》作序，序中写道：“斯事虽细，而有关于风会者不浅，而因以见李子之功不可泯没也。”

李渔曾游吴伟业之太仓别业梅村。李渔在书信《与吴梅村太史》中说：“揽胜名园，身去魂留者累日。过扰芳鲜，迄今犹芬齿颊。归装已束，刻日解维，所求玄晏，知已脱稿，拜惠正在此时。至于尺牍新篇，尤望倾庋倒箧。”李渔曾作《梅村》诗，对吴伟业隐居地的寂静幽雅作了出色的描写：“不似东山太傅家，但闻人语隔桑麻。林逋客去惟调鹤，杜老诗闲即浣花。万树寒梅千树古，十竿修竹九竿斜。更宜绿水穿林过，时向其中泛一槎。”

《满庭芳·十馀词吴梅村太史席上作》，则在词中限用十个“馀”字，大大增加了填词的难度，但这难不倒李渔，他游刃有馀，依然写得那么从容自如，极有韵味：

酒有馀香，花多馀态，都因人有馀情。尽欢竭量，客不剩馀醒。只怪酒徒恋罚，馀残滴，不使杯倾。觞政后，馀波复起，刻烛待诗成。　江淹才尽后，馀葩落地，那有金声。笺长馀尺幅，留待佳评。但羡病馀残叟，不告乏，力气犹胜。若更使从头赋起，馀兴尚堪乘。

这次游览吴伟业之太仓别业梅村，李渔的兴致特别高，不仅写了上述诗词，还特地写了一首词调中最长的《莺啼序》。《莺啼序·吴梅村太史园内看花，各咏一种，分得十姊妹》写道：

二美难容，问此辈何能不妒？ 红骄白，既解争妍，妍为群怨之府。纵使花无人起嫉，先招蜂蝶皆堪怒。美群芳不角，一任东君分付。

茜色罗裳，银红衫子，深浅无常度。似轮流迭换新妆，妆成彼此相顾。羞独坐，致恨无聊；爱同游，为行多露。笑东风，日并香肩，青春无负。

纷纷桃李，自恃无双，难并立内家门户。及至春残，一样飘零，于身何补？争似瑶台，霓裳有伴，方能合拍成歌舞。才离却同侪便凄楚。世间国色，从来不怕相衡，愈比愈增娇妩。

逐名细点，过二逾三，巧合成双五。不识何方灵秀，若个胞胎，怀珠孕玉，亏他阿姆。量肥比瘦，不差些子，十分容貌都堪惜，须十全夫婿才堪伍。休提薄命成言，搅花心，变欢成苦。

此词用拟人手法描写姊妹花，写得活泼生动，跌宕多姿。余广霞评论说："世人本无才调，便执笔作诗作词，似贫儿请客，肴核全无，只有空杯穷碗，岂复知有琼筵滋味耶？笠翁既负长才，又多巧思，长不拖沓，巧不尖纤，冲口说出，只是寻常穿衣吃饭，便觉衮衣绣服、龙肝凤髓无以逾之。如此长调，一气呵成，足使片玉销魂，屯田失步。"说此词超过了宋代名家词作，一点也不过分。

吴梅村也写有《赠武林李笠翁》，诗云："家近西陵住薜萝，十郎才调岁蹉跎。江湖笑傲夸齐赘，云雨荒唐忆楚娥。海外九州书志怪，坐中三叠舞回波。前身合是玄真子，一笠沧浪自放歌。"吴梅村为"江左三大家"之一，对李渔评价如此之高，可见李渔在当时文坛上的地位。李渔人称"李十郎"，也是由此而来。

这期间，大女婿沈因伯入赘，他为李渔主持家政，经营出版事业，日后成为李渔的重要助手。

顺治十八年（1661），李渔五十一岁，在杭州。

夏天，李渔及友人与钱谦益在杭城之适轩会晤。钱时年八十。其后，钱作《李笠翁传奇戏题》，写道：

笠翁传奇，前后数十种，横见侧出，徵材于《水浒》，按节于雍熙。《金瓶》无所斗其淫哇，而《玉茗》不能穷其缪巧。宋耶元耶？词耶曲耶？吾无得而论之者矣。有读笠翁传奇，始而疑，继而眩，终而狂易却走。余为解之曰："子未读《山海经》乎？'东海之外，大荒之中，有山名曰大言。有大人之市，名曰大人之堂。'郭弘农曰：'山形如堂宇耳。人人时集其中作市肆也。'经又曰：'有一人踆其上，张其两耳。'由今观之，大言之国，不知其所言何事。要必非蹄涔之游，蒆荃之集也。有大人者张耳以为市，又有一大人者张两耳而听之。言者与听者，斯可谓两相当矣。今子听笠翁之传奇，在此国土中，以为大言，惊而相告。不知笠翁之两耳可以为市，而子以径寸之耳轮，倾侧而听之，虽欲不骇眩却走，乌乎可？"笠翁闻而笑曰："渔也诚无辞于大言矣。踆于大人之堂，张耳而听之者，非夫子其谁？请书之以告世之为耳市者。"

钱谦益又曾为渔诗文作眉评，称赞他的文章"大有远见，不独以文辞见好"，"可以砭愚，可以善俗"；称赞他的诗歌"清超迈俗，秀雅天然"。可见钱谦益对李渔评价之高。

李渔第二子将开（信斯）出世。李渔作《辛丑举第二男，诞生之际适范正、卢远心二观察过访，亲试啼声而去，因以双星命名，志佳兆也》。诗曰："全凭此日轩和冕，逗出他年印与戈。"

《比目鱼》传奇问世。收场诗曰："迩来节义颇荒唐，尽把宣淫罪戏场。思借戏场维节义，系铃人授解铃方。"山阴女诗人王端淑为其作序说："笠翁以神道设教归之慕容介，其实皆自道也。说者谓文章至元曲而亡，笠翁独以声音之道与性情通，情之至即性之至。貌姑生长于伶人，楚玉不羞为

《比目鱼》插图

鄙事，不过男女私情，然情至而性见。造夫妇之端，定朋友之交，至以国事灭恩，漪兰招隐，事君信友，直当作典漠训诰观。吾乡徐文长先哲为《四声猿》，千古绝唱，《比目鱼》其后先于喁也哉！”徐谓的《四声猿》当时蜚声剧坛，将《比目鱼》与其并列，可见影响之大。

八月，李渔游桐庐严陵西湖。

当时，李渔友人周云山将军西征凯旋，大会宾客。同赴宴者有陶康叔、严元复、姚居石、胡伊人、宋彦兮、施必忠等。

李渔与宋琬（荔裳）唱和。写有《卜算子·榆荚钱四首和宋荔裳大参》：

诗眼俗春朝，到处迷阿堵。吏甫从来口不言，一任空中舞。

拾起细评论，改性从商贾。翻怪东皇不爱钱，抛掷同泥土。

沽酒正无凭，榆荚飞将至。绝细蝇头写一行，权当开元字。莫道不流通，效用从今始。柿叶蕉书尽可珍，何况钱为纸？

不凿邓家山，幻出通神具。买尽韶光未破悭，只道千年聚。伻是富家翁，人换摇钱树。一旦春归守不牢，阵阵飞将去。

从未睹钱飞，枉却青蚨号。此际迎风只一呼，子母齐来到。莫作杳然观，虚实曾相较。试问铜山铸尽年，可是空头钞？

榆荚如钱，这四首咏物词意在言外，以诙谐幽默的语言讽刺爱钱财的世态，既幽默，又辛辣。正如方邵村所评："四阕各具一论，如剥蕉缫茧，步步引人着胜。"

李渔游桐庐严陵西湖，作《严陵西湖记》：

武陵有西湖，严陵亦有西湖；武林西湖有南北二峰，严陵亦有二峰。予未至时，意其效颦于杭，莫之神往。岁辛丑，偶经斯地，周将军以西征奏凯归，大会宾客，一时巨公贤豪，才人墨客星聚。酒酣耳热，严子首建泛湖之议，诸客乐从，遂移酒核往。呼船未至，先循岸而眺。时日已昃，樵担下云，万峰变态，深浅隐现非一状。枫始丹而未匀，有如桃杏初裂；群鹭归栖林莽，又若梨李之烂开。景物移人，几认白帝为青帝。客之工诗与画者，皆喜得异料云。昔人比西湖于西子，言其媚也。予谓在杭者绰约而绮丽，是既入吴宫者也；此则露倩冶于浑朴，其在苎萝村乎？

舟至而登，不施篙楫，将军以黄盖蔽日，即以代帆，信风所绝而之焉。鼓吹一作，龟鸟惊悸，盖前此未之有也。银瓶泻酒，声与瀑音相乱。绕宝华三匝而后登。严之宝华，亦犹杭之湖心，但少亭耳，然芜秽诗联无从着迹，亦正以无亭故，是湖以不幸而得幸也。童子折红蓼入舟，击鼓催递，以助觞政，舟中哗笑，与城头击柝声相答。环岸观者如堵，谓自有湖来，不睹此游，舟中何许人，乃能为此辟荒盛事。噫，果如此言，则今日非他，乃苎萝女子于归日也，因发一笑。

暝色催人，游者去而观者亦散。时八月二十有八日，同泛者严子元复、姚子居石、胡子伊人、宋子彦兮、施子必忠、陶使君康叔、周将军云山，暨余而八焉。

李砚斋评论说：“是文妙在不假粉饰，正如西子捧心，何暇为妍媸计，而艳冶正于此见。文贵自然，有以夫！”王安节评论说：“绝似郦道元《水经注》。”

李渔移家金陵时期
（1662—1676）

康熙元年（1662），李渔五十二岁，由杭州搬家到江宁（今南京）。

搬家到江宁的原因，李渔在《与赵声伯文学》书中说："弟之移家秣陵也，只因拙刻作祟，翻板者多"，"幸弟风闻最早，力恳苏松道孙公出示禁止，始寝其谋。乃吴门之议才熄，而家报倏至，谓杭州翻板已竣"，"弟以他事滞金阊，不获亲往问罪，只命小婿谒当事求正厥辜"。

除了为了维护著作版权外，李渔搬家还有一个原因：顺治十六年（1659）李渔在杭州置新宅，十七年张缙彦以刊刻《无声戏二集》受弹劾，十八年《明史稿》案发，渔居杭好友陆圻等人罹祸，政治上对他极为不利。李渔在《薄命歌序》中写道："何广陵不少名花而武林之多妒雨也。因赋长歌，代为写怨。"吴修蟾评论说："人谓代美人写怨，不知是名士自诉牢骚。"

李渔入芥子园前，曾住在金陵闸。其位置约在今南京市白鹭洲公园附近。

李渔第三、第四子生于这一年。

康熙二年(1663),李渔五十三岁,在江宁。

元旦抒怀,作《癸卯元日》:"元日焚香叩太虚,天教巢许际唐虞。不才自合逢明主,误用何能保贱躯?水足砚田堪食力,门开书库绝穿窬。衰年但幸多豚犬,何必人人汗血驹?""书库",一作"书肆"。据此可知,当时李渔已开始他的出版事业。

李渔游扬州,筹钱还债。《复王左车》书曰:"营债之不宜借,犹乌喙之不可救饥,针毡之不可御寒。弟尝以此戒人,不谓今日自蹈其辙。始知身未极贫,而劝人以忍饥耐寒勿称贷者,皆隔靴之搔、隔膜之视,徒足益人痛痒。然不借营债,究竟不知借债之苦,正须略尝其味。客岁以播迁之故,贷武人一二百金,追呼之虐,过罗刹百倍。日来已偿其半,可谓一半是人,一半是鬼。此番出游,只求偿尽孽逋,免登鬼箓,无他愿也。来翰云彼以我为避债去,孰知正为偿债去。"

康熙三年(1664),李渔五十四岁,在江宁。

《笠翁论古》问世,后改名《笠翁别集》。有史论一百三十余篇,包括五帝、商、周、秦、两汉、两晋、南北朝、唐、五代、宋、元诸纪。王仕云序曰:"李子笠翁,博物洽闻。其于二十一史,靡不根盘节解,条入叶贯,间取其源流同异,而以意断之。有翻案,有定案,不执己见,不依人墙宇,不立非非之堂,不矜察察之照,而究归于理之所然、心之所安而止。"

李渔有《读史志愤》诗,叙《论古》一书之缘起。诗曰:"一部廿一史,谤声如鼎沸。不特毁者冤,誉者亦滋愧。""我无尚论才,性则同姜桂。不平时一鸣,代吐九原气。鸡无非时声,犬遇盗者吠。我亦同鸡犬,吠鸣皆有力。知我或罪我,悉听时人喙。"

康熙四年(1665),李渔五十五岁,在江宁。春天,再游扬州。与王阮亭、杜于皇、方坦庵、孙豹人等交游。李渔有

《广陵归日示诸儿女》诗：“空泛广陵船，观涛异昔年。杖头唯有字，鹤背竟无钱。蒲房三更月，榴花五月天。倦游人息我，一榻且高眠。”

仲冬，游杭州。诸亲友招饮，李渔秉性率直，称有远、短、鲜、险四患，写帖谢辞。他的《四字帖辞武林诸亲友之招》写道：

去杭日久，形远迹疏，此来正为遍候新禧，重温旧好。但可于登堂晋谒之际，一觐芝颜；命驾式庐之时，再聆麈诲。至于折柬相招，开筵赐款，则无论尊辈、同侪，一概不能趋命。其故有四，请历陈之。此地名贤多居城内之西北，而荒邸则在极南，欲赴宠招，其患在远，一也；此来适值仲冬，昼促夜长，除去栉沐饮膳，为时无几，往返一度，计妨半日之工，欲赴宠招，其患在短，二也；此来为谒当事，而诸公刑清政简，无患可叨，旅橐萧然，不能日备肩舆之费，欲赴宠招，其患又在鲜，三也；生平与曲蘖无缘，贱量不胜蕉叶，此亲友所共知者。为饮一杯半杯之酒，而行十里二十里之遥，归来复有夜禁，非止得不胜失，亦且忧不偿欢。则是欲赴宠招，其患又在于险，四也。坐此远、短、鲜、险之四患，恐来简懒板散之多讥，是用预布拙忱，统辞荣召。惟先生长者鉴而宥之，幸甚！

《凰求凤》传奇脱稿。收场诗写道：“倩谁潜挽世风偷，旋作新词付小优。欲扮术儒谈理学，先妆晋客演风流。由邪引入周行路，借筏权为浪荡舟。莫道词人无小补，也将弱管助皇猷。”杜濬序曰：“生人之大患有三：一曰淫，一曰妒，一曰诈。淫者不顾身而遑顾名？妒者不容己而遑容人？诈者不恤死而遑恤生？吾友笠道人深忧之，以为此非庄语所能入、法拂所能争也。必也以竹肉为针砭，以俳优为直谅，则机圆而用捷矣，其惟传奇乎!于是《凰求凤》之书又出焉。”

康熙五年（1666），李渔五十六岁，刚搬家到秣陵，经济上十分窘迫。该年春节，他从外地风尘仆仆地赶回家过年，

《凰求凤》插图

甚至靠典当衣服才得以度过新年。

春季，李渔游览京都。过扬州时，有词《望远行·北上度邗关别送行诸弟侄》：

轻桡此际分南北，愁见隋堤烟树。一路青青，半空漠漠，待送人归何处？把酒离亭，去日凄凉如许，来日欢娱难据。唱《阳关》，只听"渭城"三句。 飞絮，一任飘摇无着，终有日，浮萍归聚。蓬矢男儿，桑弧志愿，肯被家山留住？不用悲歌慷慨，流连追逐。且挂半帆疏雨，幸笔砚携将，糇粮粗具。

初入都门，有词《帝台春·本题》：

帝台春色，今朝始识得。禁柳苑花，妙在容观，可离难即。马首无人杀风景，似显者，频呼得得。顺风来，天上《箫》

《韶》，恩波洋溢。　朝臣入，衣冠湿。官僚出，星辰没。求富贵须忙，为贪慵，脱不下、雨蓑烟笠。随路折腰非索米，带便看花由乞食。喜东郭贤豪，不吝杯中滴。

冯青士评曰："委婉详尽，何必更赋《帝京篇》。"

作保和殿大学士魏裔介（贞庵）座上客。李渔在《闲情偶寄》卷一《音律第三》中写道："向在都门，魏贞庵相国取《崔、郑合葬墓志铭》示予，命予作《北西厢》翻本，以正从前之谬。予谢不敏。""时龚芝麓先生亦在座。"

游报国寺，作《都门报国寺海棠》：

海棠随地有，难好是幽燕。饱雪花逾盛，经风态转妍。
种来原得地，开处又逢人。莫怪阗车马，三春少并肩。

毛稚黄评曰："妍中有骨。"

又有《都门报国寺松》：

寺名题报国，松亦具丹心。望阙枝柯茂，邻朝雨露深。
清时消息旺，乔木自然森。愿鼓康衢腹，时来坐好阴。

熊元献评曰："是都门报国寺松。一字难易。"

第五子将芬生。

李渔远游，女婿沈因伯与大女儿淑昭代司家政。李渔作《怀阿倩沈因伯暨吾女淑昭》诗，其序曰："时代予司家政。"诗云："自汝入甥馆，予即东西驰。家政谁代庖，恃尔双雄雌。"又有《阿倩沈因伯寄诗文入都求改政，喜其力学，寄诗勉之》：

吾女闺中杰，适人甘奇穷？所敬在有德，期汝为梁鸿。
次则重学术，勉以足三冬。呼曰才人妇，荣似膺花封。
膏火或不继，佐之以女红。与汝比玉石，亦类他山攻。
汝本将门子，操觚由蒙童。向带嵇康疾，意到笔懒从。
文似殷深源，咄咄惟书空。胡为遽奋发，一旦回天慵。
落纸数千言，不似由人工。喜煞机边妇，绝倒内家翁。
虽非纪律师，人莫撄其锋。求为不可败，理在韬钤中。

内翁不足师，师其先世风。白也诗无敌，蔚为词赋宗。

枕籍其所为，日久将无同。诚哉李氏倩，可继休文踪。

勉旃吾语汝，勤始防怠终。

二人成为李渔写作和出版事业的得力助手，跟李渔的关心与培养也是分不开的。

这次李渔出游的往返路线是：京都—正定—山西平定州—平阳—蒲州—陕西潼关—西安—甘肃兰州—凉州—甘泉—陕西泾阳—华山—潼关—河南陕州—汝宁（汝南）—徐州—江宁。

至平阳时，纳乔姬，她后来成为李渔家庭昆剧班子的台柱（详见“李渔的戏剧创作成就”章）。

过蒲州，李渔受大中丞贾胶侯热情接待。李渔《寄谢贾胶侯大中丞》书曰：“明公谬耳虚声，不缘介绍……使得应聘入秦，馆诸别宫，谬称上客。又复遍谕属僚，交相拂拭。食五侯之鲭而衣千狐之腋者，凡四阅月。”蒲州有贾胶侯所居园林，李渔为园中一亭撰联曰：“觅句杯从曲水来，诗肠因酒肠顿活；征歌响逐流泉发，人籁与天籁争幽。”因该亭“有山水自然之胜，疏泉入座，可以流觞”。

康熙六年（1667），李渔仍在游秦途中。

郭传芳为《慎鸾交》作序、评，并盛赞笠翁其人。序曰：

秦汉近古既久，文章一脉，遂移任于唐宋八家。秦汉宜古，八家宜今，虽君子才人，不能越其规彀。有明几三百年，不察秦汉所以浑昇之故，又不察八家所以昌明之故，负今人之胸臆，袭古人之毛肤，浑昇之气不一见，而昌明之言已尽失。满世颦巧，不分工拙，西施再起，反诧其捧心之谬。此屠、汤诸前辈，所以宁谢文名，而必为传奇以衷异也，屠、汤既往，袭取屠、汤者，又掩伏于《昙》、《梦》之间，犬吠驴鸣，莫知所底，亦如前人之袭取秦汉。此笠翁所以按剑当世，而为前

《慎鸾交》插图

后八种之不足，再为内外八种以矫之。予小于性不嗜奇，然遇《蔡》、《崔》、《昙》、《梦》、《四声》等作，未尝不击节流连者，才之驱人使然也。予家寓于燕，十年来，京都人士大噪前后八种，予购而读之，心神飞越，恨不疾觏其人。岁丁未，予丞于咸宁，笠翁适入关。名士对小吏，其声价相悬，岂止铢镒。然笠翁自耻作吏，而不耻人作小吏，且数数移趾为玉屑谈，尽示生平著述。予阅《资治新书》之首卷，遂拍案狂叫曰：“笠翁当今良吏也，抱实际而躬虚务，无心当世也明矣。”笠翁曰：“予能言之，未必能行之，故舍此而商风雅。”遂出《慎鸾交》剧本，属予评。以斯剧也，介乎风流、道学之间，予为人颇近之，故取以相质。予快读数过，不觉掀髯起舞，乃知前后八种，犹为笠翁传奇之貌，而今始见其心也。由是键户熟评，宁详无略，华、王、侯、邓四片心肝，已为作者提出，而作者一片心肝，又似为予提出。笠翁视之，不觉抚膺称快。由是贡予为有道，美予为知言。说项之私，噪耳于名公大人。而在上诸公之覆予者，向以腐儒恤之，后以才士怜之。于是咸丞厅壁，学学乎非俗吏已。嗟乎！笠翁不矜抱负，惟解怜人，人苟鲜恶而即称为善。斯名士之心乎，抑大吏之心乎？予固谓笠翁为当今良吏，惜乎有蕴莫展，而徒使建帜于风雅之坛。笠翁之以传奇著，犹予小子之以咸丞著耳！或谓："子不胪指词蕴之所在，但琐述交谊云何？"曰："评已载矣，评叙词之所由作，此叙评之所由起也。"

李渔去兰州，甘肃巡抚刘斗热情接待。得王姬，年十三，善歌，跟乔姬学戏。家庭昆剧班子得以建立（详见"李渔的戏剧创作成就"章）。

五月，李渔去甘泉。经过凉州，作七绝《凉州》："似此才称汗漫游，今人忽到古凉州。笛中几句关山曲，四季吹来总是秋。"又有七律《甘泉道中即事》："一渡黄河满面沙，只闻人语是中华。四时不改三冬服，五月常飞六出花。海错满头番女饰，兽皮作屋野人家。胡笳听惯无凄惋，瞥见笙歌泪转赊。"

李渔到甘泉，作甘肃提督张勇座上客。《寄谢刘耀薇大中丞》书曰："渔自抵甘泉，为大将军揖客，肆扪虱之迂谈，耸嗜痂之偏听。""投辖情殷，未忍遽尔言别。"

李渔有七律《赠张大将军飞熊》诗，题下注曰："大将军礼贤下士，为当代一人。予自皋兰应召至甘泉，谒见之始，大将军遣使致声，勿行揖让之礼，因其数经血战，体带疮痍，势难磬折故也。昔汲黯力大将揖客，千古称荣，予并一揖而捐之，此等异数，胡不可传？惜当之者非其人耳。"诗云："将军揖客重前儒，我见将军揖也无。才许分庭行抗礼，更收磐折免亲扶。授餐不虑侏儒饱，下榻还愁旅梦孤。知己感恩难并得，于今始作一人呼。”又有《答张大将军飞熊问病》诗：“神思惚惚意怦怦，才欲加餐腹早盈。何事遽缄多病口，止因僭食五侯鲭。上天似有修文诏，下士方图力疾行。造命得君应暂止，反由灾患卜长生。”由此可见这位张将军对李渔的器重。李渔还为张勇后花园叠石造假山。《民国新修张掖县志·流寓》中记载李渔“康熙中寓靖逆侯署，为后园叠石作山，至今嶷然”。

李渔又作五律《秦游家报》：“此番游子橐，差胜月明舟。不足营三窟，惟堪置一丘。心随流水急，目被好山留。肯负黄花约？归时定及秋。”可见这次李渔游秦收入颇为丰厚。

李渔返程时曾游西岳华山，作五律《登华岳四首》。其一曰：

不必曾游过，名山故友同。终朝书卷上，彻夜梦魂中。
思熟苍龙径，题残玉女松。兴由龆龀始，相对已成翁。

其二题下注：“华岳多奇峦，以莲花、明星、玉女三峰为最。”诗云：

五丁非爱力，妙在不须平。地是云铺就，山由天削成。
三峰奇入格，四岳幸齐名。自有昌黎哭，巉岩愈著声。

其三题下注：“顶有落雁峰，家太白谓‘恨不携谢朓惊人句来，一问青天’即其所也；希夷峡，为陈抟蜕骨处。”诗云：

谁设扶人索，功高实可讴。升腾犹鸟捷，轻便若云浮。
太白携诗未，希夷入梦不？问天须及早，去此便无由。

其四题下注：“时家姬四人随游，颇娴竹肉，予令至青柯砰而止。诸姬目痒不肯息，视予所在，尾而从之。予上二索，彼上一索，相去只一间，虽怒诃不止。予嗔其顽劣，亦复许其清狂，遂听偕行。袜敝鞋穿，无可更替，乃裂裙幅补缀复行。至溪壑稍平处，铺毡坐饮，使之度曲。昔韩昌黎痛哭不得下，投书与家人永诀处，即予挟诸婢子高歌处也。及今三秦好事者，犹传为话柄云。”诗云：

怪杀登山勇，谁堪奈尔何。前贤犹痛哭，我辈却高歌。

鸟过停飞翼，樵听罢斧柯。主人游兴癖，从者尽成魔。

王山史评曰：“四首隽逸可人，为华岳诸诗之冠。”又云：“四诗惟登过华山者能知其妙。又惟登过华山而作过登华山诗者能知其好，不则以词采见称而已。”吴修螗评曰：“千古游记中未有之奇，为华岳另辟一洞天矣。”郭九芝评曰：“此自有华岳以来第一韵事。有昌黎之痛哭，不可无笠翁之高歌，二事并传，为后来作诗者增一佳偶。”

李渔出潼关，作七绝《潼关阻雨》：“陆地何异在舟中，行止难凭计亦穷。莫德青山徒怨水，车轮也阻石尤风。”过砥柱，入河南，有七古《黄河篇》：“我昔曾过砥柱西，河流如线窥端倪。”

这年冬天，周亮工为《资治新书》二集作序：“笠翁虽以高才未遇，无经营天下之责，而读书观理，专以世务人情为符合。室家之安危，未尝不以悬诸虑也；里巷之委琐，未尝不求得其通也。以故生平之心述，不务为无用之学，间以绪余衍及志林说部诸篇而纵横出之，杂以稗官家言，无不曲而中、信而有征也。而说者谓笠翁少年骀宕之言，至是而尽递严正，是未深知笠翁者也。”

年末，李渔到达徐州，有《舟次彭城，冰雪交阻，纪子湘司马、李申玉广文相留度岁》诗：“途次一舟堪卒岁，平原十日便交春。”“慷慨最难书卷借，咏歌亦似友朋亲。”

康熙七年（1668），李渔五十八岁。元旦，在徐州，为当地官员李申玉妻子生日祝寿，李渔之家庭女戏班子演出刚脱稿的《巧团圆》。得乔、王二姬后，教习不满一年，二人已能登台演出，李渔戏剧导演的水平，由此可见。

春暖花开时李渔回到家中。有《秦游颇壮，归后仅偿积逋，一散无遗，感而赋此》诗："入门诸事逼，万有尽归无。费尽终年力，难偿积岁逋。买山更何日，托钵又穷途。赢得归来夜，花间酒一壶。"

亲朋好友祝贺李渔纳乔、王二姬。李渔有《贺新郎·纳乔王二姬和诸友所寄花烛词》："莫把新郎贺。问前生带来花烛，几番烧过？烂旧青衫穿复补，新妇几人叨做，轮不着、后来双个。纵有葳蕤花并蒂，怕怜香，不似当年我。减数岁，便称可。　　茅妆金屋绳为锁。料进门、预先准备，束愁包裹。所幸原非倾国色，女貌郎才俱颇。鸠与鹊，便难同伙。人事无烦调理密，赖天公、有日安排妥。词过誉，怪相左。"周栎园（亮工）评曰："乔王二姬，真尤物也。舞态歌容，当世鲜二。此予击节赏心，诧李郎贫士，何以致此异人者也。"

李渔开始游览广东广西。往返路线为：江宁—安徽芜湖—江西鄱阳湖—临江（清江）—十八滩—虔州（赣县）—大庾岭—广东南雄—英德—广州—广西苍梧—桂林—湖南东安—湘江—江西十八滩—鄱阳湖—彭泽—安徽鸠兹—江宁。

李渔的《粤游家报》之一："离家后记起一事：靠东一带墙垣，单薄之甚，此穿窬之捷径也。……为今之计，欲尽立木栅，则数间之屋，非十余金之费不能。米盐莫支，何从办此？不若以生平所著之书之印板，连架移入其地，使之贴墙，可抵一层夹壁，贼遇此物，无不远之若浼。"由此可知，当时李渔设肆印书，仅限于自撰自编之书。家已移至新址，墙垣尚有不安全处。这新居就是芥子园。

该年李渔已开始营建芥子园。李渔的儿女亲家方文有《李笠翁斋头同王左车雨宿》诗，此诗写于这一年七夕之前，诗中写道："故人新买宅，忽漫改为园。叠石岩当户，看山楼在门。客来尘事少，雨过瀑声喧。今夜那能别，连床共笑言。"这就是芥子园。芥子园在金陵（今南京市秦淮区）。李渔迁入芥子园有长久居住的意思。他在《柬赵声伯》的信中说："日暮途穷，料无首丘之日，欲得数椽小屋，老于此邦。顾不欲近市，市太喧；不欲居乡，乡有暴客之警。非喧非寂间，幸叱尊伻为羁人留意。"

康熙八年（1669）初夏，芥子园落成。李渔《芥子园杂联》序写道："此予金陵别业也，地止一丘，故名芥子，状其微也。往来诸公，见其稍具丘壑，谓取芥子纳须弥之义，其然岂其然乎？""芥子"，即芥菜的籽，形容此园很小。"须弥"，佛所住的大山。《注维摩诘经》："须弥山，天帝释所住金刚山也。……处大海之中，水上方高三百三十六万里。"芥子纳须弥，原是佛教语，出自《维摩诘经·不思议品》："以须弥之高广内芥子中，无所增减。"本是用来比喻诸相都不是真实的，巨细可以相容。后引申为广狭、大小等自在相容，融通无碍。关于芥子与须弥，还有一个有趣的故事。《景德传灯录》智常禅师故事："李渤问师曰：'教中所言须弥纳芥子，渤即不疑；芥子纳须弥，莫是妄谈否？'师曰：'人传使君读万卷书籍还是否？'李曰：'然。'师曰：'摩顶至踵如椰子大（指人身很微小，从头顶到脚后跟只有椰子那么大），万卷书向何处著！'李俯首而已。"意思是说，芥子园虽小，却可容纳极其丰富的内容，真是无美不备啊！ 由此可见李渔园林艺术的高超。

据李渔的《闲情偶寄》所记载，芥子园面积不到三亩，房屋占三分之一，山石占三分之一，有半泓秋水和四五棵大石榴树，空隙处种满了花卉。芥子园的构造十分奇巧。李渔将房屋、山水、树木、花卉安置得井然有序，巧夺天工。他的好友包璿曾赠其一副蕉叶联，写道："般般制作皆奇，岂止文章惊海内；处处逢迎不绝，非徒车马驻江干。"上联概括了芥子园设计奇巧的特色。芥子园中有个浮白轩，《闲情偶寄》卷四写道："浮白轩中，后有小山一座，高不逾丈，宽止及寻，而其中则有丹崖碧水、茂林修竹、鸣禽响瀑、茅屋板桥，凡山居所有之物，无一不备。”芥子园中有月榭、歌台，是用来宴请宾客和演戏的。而栖云谷、来山阁、浮白轩的景观都是李渔运用他所独创的开窗借景之法精心构置出来的，融天工与人工之美于一体。比如单拿窗户来说，式样就很多，有湖舫式、花卉式、虫鸟式、山水图式、尺幅式、无心画式、外推板装花式等，更有他最得意的梅窗。《闲情偶寄》卷四写道：“予又尝取枯木数茎，置作天然之牖，名曰‘梅窗’。生平制作之佳，当以此为第一。己酉之夏，骤涨滔天，久而不涸，斋头淹死榴、橙各一株，伐而为薪，因其坚也，刀斧难入，卧于阶除者累日。予见其枝柯盘曲，有似古梅，而老干又具盘错之势，似可取而为器者，因筹所以用之。是时栖云谷中幽而不明，正思辟牖，乃幡然曰：‘道在是矣！’遂语工师，取老干之近直者，顺其本来，不加斧凿，为窗之上下两旁，是窗之外廓具矣。再取枝柯之一面盘曲、一面稍平者，分作梅树两株，一从上生而倒垂，一从下生而仰接，其稍平之一面则略施斧斤，去其皮节而向外，以便糊纸；其盘曲之一面，则匪特尽全其天，不稍戕斫，并疏枝细梗而留之。既成之后，剪彩作花，分红梅、绿萼二种，缀于疏枝细梗之上，俨然活梅之初着花者。同人见之，无不叫绝。”

他还请雕塑匠为自己塑了一个像：手执纶竿，端坐石矶之上，临水垂钓。这给芥子园增添了无限情趣。

芥子园富有诗情画意，大门上是李渔自题的联句：“到门惟有竹；入室似无兰。”进入芥子园，首先看到的是一片竹林，青翠挺拔，象征着李渔贫而有骨气的个性。“入室似无兰”，指其居室的芬芳，“如入芝兰之室，久而不闻其香”。李渔爱花成癖，园内四季花香不绝。他曾说：“予有四命，各司一时：春以水仙、兰花为命，夏以莲为命，秋以秋海棠为命，冬以腊梅为命。”可以想象，芥子园内姹紫嫣红，蜂飞蝶舞，香气四溢。他于书室题一联云：“雨观瀑布晴观月，朝听

《芥子园画谱》花卉（一）

鸣禽夜听歌。”在芥子园内可以看到雨后飞瀑、山中明月、各种飞禽，可以听到飞瀑声、鸟鸣声、夜歌声。真能耳目合用，声色并享，充满诗情画意，使人感到韵味无穷。园中的月榭联更证实了这一点：“有月即登台，无论春夏秋冬；是风皆入座，不分南北东西。”真是：凭榭赏月，怡然自得；贮兴登台，八面临风。李渔真会享受啊！

当然，芥子园不仅是李渔个人的乐园，也是他的亲朋挚友宴饮看戏的地方。方文《三月三日邀孙鲁山侍郎饮李笠翁园即事作歌》云：“我友孙公渡江来，特地扣门门始开。为言老兴须鼓舞，不应枯寂同寒灰。因问园亭谁氏好？城南李生富词藻。其家小园有幽趣，累石为山种香草。两三秦女善吴音，又善吹箫与弄琴。曼声细曲肠堪断，急管繁弦亦赏心。”园中歌台的题联写道：“休萦俗事催霜鬓，且制新歌付雪儿。”李渔自己编剧，自己当导演，由家乐班子排练演出以接待亲朋挚友，真是其乐无穷啊！

芥子园不仅是杰出的私家园林，还是享有盛名的书铺。

李渔生前所出版的书，虽多用“翼圣堂”的名称，其实就是芥子园。所出笺简，署“芥子园名笺”。影响最大之《芥子园画传》初集，虽出版于李渔逝世后，但李渔在所撰序言中写道：“今人爱真山水与画山水无异也。当其屏幛列前，帧册盈几，面彼峥嵘遐旷峰翠欲流泉声若答，时而烟云晻霭，时而景物清和，宛然置身于一丘一壑之间，不必蜡屐扶筇，而已有登临之乐。独是观人画犹不若其自能画。人画之妙从外，人自画之妙由心，出其所契于山水之浅深，必有间矣。”他希望人们学会画山水，“俾世之爱真山水者皆有画山水之乐”，从而使其超越“卧游”之乐。

《中国古代文化史》记载：“王概，字安节，浙江秀水

《芥子园画谱》封面（三）

人，居南京，善山水，并工人物、花卉、翎毛。其弟王蓍（字宓草）、王臬（字司直）及李渔（芥子园主人）女婿沈因伯（字心友）均参与了《芥子园画传》的绘画、编定和出版工作。”《中国绘画简史·第十章·清代绘画》记载：“康熙间，饾版套印的画谱《芥子园画谱》，是继《十竹斋书画谱》之后的又一部杰作。其成就不仅在于为初学画者提供示范，更重要的是在绘、制、印等方面均取得新的进展。”

芥子园是清代存在了近二百年的出版机构，先后共出版了数百种珍本古籍，在中国出版史上也应著上浓浓的一笔。

康熙七年（1668），桃花水初发，李渔过十八滩，有《前过十八滩行》：

天下雄滩首十八，水势奔腾类兵甲。
我由西江赴岭南，正值桃花水初发。
此滩之险不在水，险在奇兵伏舟底。
怪石谽呀布满川，扪舌无声异山鬼。
一舟偶触撄其锋，满船血肉饲蛟龙。
我来亲见数舟没，不忍以吉骄人凶。
临风酹酒奠鸡豚，代作楚些招迷魂。
魂归来兮复归去，各附妻子依儿孙。
十八滩，汝何虐，覆舟杀人过海若。
海若表里俱用柔，不闻内刚而外弱。
天设陷阱助以机，地生洪水长其恶。
他年我作修文郎，定乞上帝褫尔魄。
招魂罢，宿洲渚，夜梦滩神向侬语：
君知其一不知他，我试为君布心膂。
地有山川人有情，人情不险地即平。
只今坎坷遍胸臆，君胡不平平丘陵。
即使我心真嗜杀，人不近机机不发。
弓矢虽张鸟不来，弋人何所施其猾。

死者何人试询吾，商贾仕宦趋膻途。
岂其不知溪壑险，挺而走此胡为乎？
夫人自为利名死，山川不幸蒙其辜。
岂惟无辜兼有绩，刑人借一以警百。
若非险滩能覆舟，龙宫尽作掏金穴。
君不见一鸟伤弓众鸟飞，一鱼漏网千鳞集。
君德漏网罪伤弓，难乎使民臻寿域。
功罪说明辞汝去，只今俯首俟弹劾。
他时据此回天怒，只愁上帝口亦塞。
我闻此语幡然悔，醒后面泚心有愧。
此来亦在名利间，侥幸不从诸厉鬼。

《芥子园画谱》封面（四）

起来长揖谢滩神，从今北面师江水。

又作词《满庭芳·上滩》：

风若仇帆，纤如恋手，滩高百尺难升，蓬莱水浅，学界荡舟行。进寸其如退尺。波涛怒、有力难争，翻学得长房缩地，一缩浪千层。　此舟宜倒坐，好将退步，认作前征。又焉知误处，是梦翻醒？曾见塞翁失马，人相吊，自贺休征。徘徊久，舟师来报，险路已将平。

李渔过虔州。《粤游家报》之三云：“虔州之米，贱于吾浙之糠。即今移居白门，米价稍廉于浙，而此间吃饭，犹俭于金陵之吃粥也。即鸡鹅鱼豕，无一不贱。况地主争迎，自爨之日甚少。”

李渔越过庾岭。有《度庾岭二首》。其一云：“舟行弥月忽登山，奚啇开笼放白鹇。”其二曰：“踏碎岭云身不倦，冲开烟瘴病翻除。须知矍铄非由我，力到名山自有余。”

李渔入广东，过南雄。有《宿南雄萧寺》：

此山殊落拓，终岁少人游。怪树当门立，清泉背客流。

寺空黄叶满，僧去白云留。不竭探奇力，谁知擅古幽？

孙宇台评：“黄叶白云，却是苏州神境。”

过英德，有《英山道上》：“轻帆摇扬客心闲，渐觉移来尺幅间。晴态倦时呈雨态，云鬟媚尽露烟鬟。都堪下拜无顽石，便不知名亦好山。觅句十年无着处，却从此地载诗还。”

李渔到达广州，有《粤东家报》：“瘴气全无害，不烦儿女忧。饱餐鲜荔子，醉读古蝇头。未必去琼海，依然在广州。秋风归计决，纵好亦难留。”

《巧团圆》传奇问世。第一出有一首《西江月》：“浪播传奇八种，赚来一派虚名。闲时自阅自批评，愧杀无盐对镜。

既辱知音谬赏，敢因丑尽藏形。再为悦己效娉婷，似觉后来差胜。”樗道人为《巧团圆》作序，序中说：“笠翁之著述愈出而愈奇，笠翁之心思愈变而愈巧。读至《巧团圆》一剧，而事之奇观止矣，文章之巧亦观止矣。笔笔性灵，言言精髓。吐人不能吐之句，用人不敢用之字，摹人欲摹而摹不出之情，绘人争绘而绘不工之态状。”

康熙八年（1669）春季，李渔重过十八滩，因未发桃花水，情景与前一次迥异。《后过十八滩行》写道：

前过十八滩，魂惊胆欲裂。
后过十八滩，心思迥然别。
高歌长啸和滩声，惟恐山形不崭绝。
曩时何弱今何强，止因水落石难藏。
当日奸雄生乱世，而今遇治成匡敕。
十八滩中少顽石，累累若若皆奇迹。
大者如山小若峦，伏则疑蹲张似翼。
更有奇形酷肖人，三三两两相对立。
不止米颠呼石丈，我亦为之具袍笏。
堪笑世间好奇者，怀金到处肆搜觅。
觅得一卷供案头，日出英山不易得。
谁识此地如泥沙，土人拾之垒墙壁。
垒墙壁兮犹尊崇，家家溷厕皆奇峰。
暴殄天物有如此，不闻石怒遭奇凶。
遭奇凶者他乡客，半是怀金觅石翁。
石兮石兮吾爱汝，爱汝安得不罪汝？
此后亦当萌悔心，人不煮鹤遭鹤煮。

李仁熟评曰：“前后二首沉郁顿挫，光怪陆离，何减唐人诸作。”顾赤方评曰：“前后二章离奇变化，似子美《竹杖》、《大石刀》，非（卢）仝、（刘）叉《月蚀》、《雪车》比也。”

三月，李渔作《粤归寄内》：“到家迟数日，多白几茎头。已入三春夜，还悲二月秋。黄金诚有命，壮士复何求。为语机边妇，徒归未足羞。”

又作《粤游家报》之五："江行迅速，又连遇郑公风，已于朔日到鸠兹。因输榷钱，稍停一二宿，不出日之四五，决抵家矣。"

李渔这次游广东广西，得钱财不多，得诗颇多。

康熙九年（1670），李渔六十岁，携带《一家言》书稿，去福建谋求刻书的资金。众姬随行。渔有《予携妇女出游，有笑其失计者，诗以解嘲》，曰："尽怪饥驱似饱腾，纷纷儿女共车乘。须知我作浮家客，欲免人呼行脚僧。岁俭移民常就食，力衰呼侣伴担簦。他时绝粒长途上，纵死还疑拔宅升。"

经过故乡金华、兰溪时，写有《二十年不返故乡重归士心感》："不到故乡久，归来乔木删。故人多白冢，后辈亦苍颜。俗以贫归朴，农由荒得闲。喜听惟涧水，仍是旧潺湲。"

秋季，包璿也去福建游览，与李渔在榕荫之下会面，赋诗赠答。包璿在《一家言序》中写道："笠翁游历遍天下，其所著书数十种，大多寓道德于诙谑，藏经术于滑稽，极人情之变，亦极文情之变。"

李渔在福州度过六十寿辰，作《六秩自寿四首》，其三曰："历周甲子岁华盈，面目虽除性未更。易醉易醒蕉叶量，忽悲勿喜小儿情。头颅可赠欺难受，争战虽输守独赢。祈假十年增著述，古稀希古并留声。"又有《和诸友称觞悉次来韵》四首，其一曰："江淹才尽心犹烈，贾岛诗寒气独雄。更喜少年场上立，簪花不觉面皮红。"其四曰："世情非复旧波澜，行路当歌难上难。我不如人原有命，人能恕我为无官。三缄宁敢期多获，万苦差能博一欢。劳杀笔耕终活我，肯将危梦赴邯郸。"可见他此时仍壮志未泯。

在福建时李渔有《闽中食鲜荔枝二首》，第二首写道："脱壳凤凰卵，光芒耀水晶。不应肠内贮，只合掌中擎。丰处疑无核，香中似有情。人间觅尤物，妃子合齐名。"颇能写出荔枝的特色和他的喜爱之情。

李渔还写了《荔枝赋》和《福橘赋》。又在《闲情偶寄》卷五《零星水族》中写了他尝海鲜的情况："海错之至美，人所艳羡而不得食者，为闽之西施舌、江瑶柱二种。西施舌予既食之，独江瑶柱未获一尝，为入闽恨事。"

康熙十年（1671）初夏，李渔游苏州，与尤侗、余怀、宋澹仙诸友观摩戏剧。

立秋日，余怀为《闲情偶寄》作序曰："今李子《偶寄》一书，事在耳目之内，思出风云之表。前人所欲发而未竟发

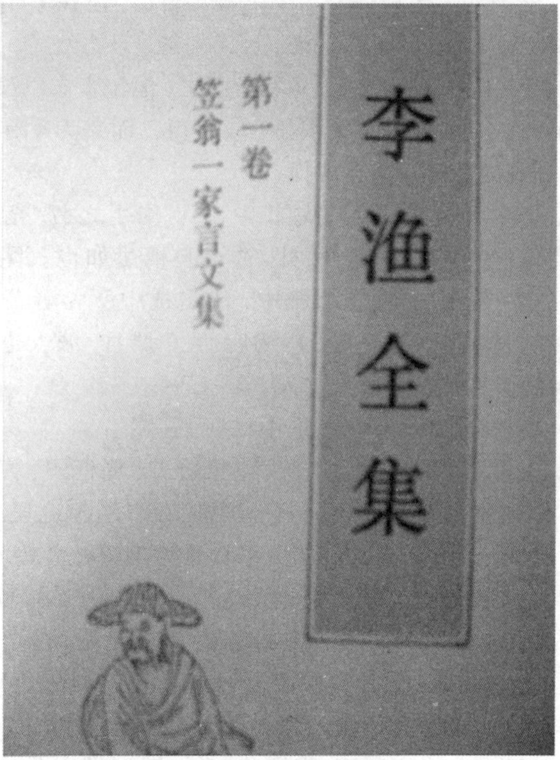

《笠翁一家言诗文集》书影

者，李子尽发之；今人所欲言而不能言者，李子尽言之。其言近，其旨远，其取情多而用物闳。”又曰：“今李子以雅淡之才，巧妙之思，经营惨淡，缔造周详。即经国之大业，何遽不在是？而岂破道之小言也哉！”

尤侗也为《闲情偶寄》写序作评。序曰：“读笠翁先生之书，吾惊焉。所著《闲情偶寄》若干卷，用狡狯伎俩，作游戏神通。入公子行以当场，现美人身而说法。泊乎平章土木，勾当烟花，哺啜之事，亦复可观，屐履之间，皆得其任。”

《闲情偶寄》在这一年冬季出版。

李渔对《闲情偶寄》一书颇为自负，他在《与龚芝麓大宗伯》书中说：“庙堂智虑，百无一能，泉石经纶，则绰有余裕。惜乎不得自展，而人又不能用之，他年赍志以没，俾造物虚生此人，亦古今一大恨事！故不得已而著为《闲情偶寄》一书，托之空言，稍舒蓄积。”

署名翼圣堂主人的题识中说：“先生之书，充塞宇宙，人谓奇矣，绝矣，莫能加矣。先生自视蔑如也。谓生平奇绝处尽有，但不在从前剞劂中。倘出枕中所秘者公世，或能真见笠翁乎！因授是编，梓为后劲。”腊月，派人进京，分送《闲情偶寄》数十部给友人。

冬季，乔姬生一女，产中致病。

康熙十一年（1672）新春，吴冠五、周栎园、方楼冈、方邵村、何省斋等聚集在芥子园中观看李渔家庭昆剧班子演剧。吴冠五在评《后断肠诗》中称赞乔姬演技高超，有句云：“共羡李郎贫士，何以得此异人。”

梅花盛开时节，李渔乘舟游楚。作《楚游别芥子园》诗：“三径不果葺，已荒复就荒。琴书虽漫灭，出入可携将。同是贫家物，偏疏独可伤。梦归常恋恋，瞬息肯相忘。”

过九江，知府江念鞠接待。作《谢江郡守分俸赠舟，兼关吏诛求之苦》诗曰：“糇粮能几许，堪阻石尤程。地主无难色，穷途少叹声。情随江水阔，德载故人行。更颂贤关吏，推乌免暴征。”

二月，抵汉阳。李渔有五绝四首，题曰《过九江得顺风，舟不得泊，四日夜抵汉阳》：

风利舟难泊，涛声作枕头。蕲黄皆夜渡，不见两名州。

破浪三春月，乘风万里游。若偕诗酒伴，何暇觅封侯。

天予新汗漫，足补旧迍邅。虽是循环数，何其太显然。

布帆久不挂，一挂岂容收。可惜汉阳树，不生天际头。

周伯衡评：“四绝皆有天然风致。”

李渔初登黄鹤楼，有七律《登黄鹤楼》：“十年心醉此楼名，今日登临体较轻。目眺神仙追去鹤，酒浇鹦鹉吊狂生。莫嗟老大无休息，还喜中原少战争。试倚危栏听逝水，至今犹作鼓鼙声。”

三月，李渔游荆南、荆门。接待者有按察副使王鸣石、荆州知府李雨商、同知张秀升。特别是李雨商，“是同姓而兼桑梓者也”，感情更深。后来李渔在《与李雨商荆州太守》书中述说他的仰慕之情，说：

“不愿生封万户侯，但愿一识韩荆州。”荆州太守识之不易，自昔为然，矧以太史公而出乘五马，位列诸侯之上者乎！

渔虽浙籍，生于雉皋，是同姓而兼桑梓者也。闻名虽久，仰止甚殷，然前此未谋半面，必俟其为荆州太守始获订交，岂彼苍故欲迟之以实前人此语，使获缔交者自知愉快乎？得著姓名于客籍，喜可知已。

向在荆南，蒙加拂拭，拟于别后附一谢函，兼呈俚句，因鳞鸿少便，遂阔略至今。兹值纪公祖谳狱之便，敬附一函八句，以志言念之私。贵同寅有不及遍候者，希叱犬马道意。

《赠荆州李雨商太守》对其政绩颇为颂扬：

荆南太守旧词臣，宦况萧然彻底贫。

堂上鸣琴山亦响，阶前舞鹤鸟俱驯。

射穿杨叶才兼武，智察秋毫判拟神。

莫怪貌癯衣带减，官肥何忍瘠斯民。

李渔在此期间，还写了七律《夏寒不雨，为楚人忧岁》：

江风五月尚飕飕，疑是生寒应麦秋。

暑雨不多难望岁，密云虽布转增忧。

四方丰歉觇三楚，两载饥寒遍九州。

民命久悬仓廪绝，问天何事苦为仇？

夏天，李渔参加湖北巡抚董会征隔水较射之会。李渔应命即席成五绝十首，其九曰："满堂皆绣衮，野服杂其间。我自多惭色，人偏益笑颜。"

这个期间，李渔游览黄鹤楼、晴川阁诸名胜。他曾三次登上黄鹤楼，撰有二联悬挂其上。一联曰："仙家自昔好楼居，吾料乘黄鹤者去而必返；诗客生前多羽化，焉知赋白云者非即其人？"另一联曰："终日凭栏俯翠涛，不变古今灏瀚者惟留此水；当年对岸飞黄鹤，好看神仙出没者莫若斯楼。"

李渔还写有《七夕感怀为何鸣九渡江作》，其中有句云："我亦牵牛星，终年苦行役。家隔数千里，欲归归不得。此时小儿女，正在闺中泣。括尽世间鹊，难填江水碧。始信天上路，终比人间窄。"对长期在外奔波颇多感慨。

在此期间，李渔作《一家言释义》，即诗文集《一家言》自序，说明他为什么将自己的著作定名为《一家言》："凡余所为诗文杂著，未经绳墨，不中体裁，上不取法于古，中不求肖于今，下不觊传于后，不过自为一家，云所欲云而止。"表面上是自谦，其实相当自负。

游楚途中，诸妾生病。李渔写有《舟中怀诸病妾》："盈盈楚江水，漾漾汉川舟。夜深出明月，照入悲清秋。”“曩病止一人，今忽增其俦。声如下里曲，和者成楚咻。”李渔又有七绝《次韵和顾赤方见赠三首》，第三首序中写道：“赤方意在顾曲，时家姬有患病不能歌者。”诗云：“歇板停歌各皱眉，采薪儿女叹无枝。天心巧灭吟诗口，不病词人病雪儿。”顾赤方诗载《白茅堂全集》，有句云：“唱到李渔新乐府，水仙山鬼尽含愁。”

乔姬病故，李渔极其悲痛，作《断肠诗二十首哭亡姬乔氏》，序曰：

乔姬事予凡六载，年方龆龀，即解声歌。凡予所撰新词，及改前人诸旧剧，朝脱稿而暮登场，其舞态歌容，皆当世周郎所经见者。妍媸美恶，或有定评，非予所当自誉者。但能体贴文心，浣除优人积习，有功词学，殆非浅鲜。奈何天不怜香，神偏毁玉，年逾二九，即以娠疾云亡。璧碎珠沉，能禁悼惋！海内同人，凡有与观斯乐者，得其凶讯，莫不以诗相吊，词极悲凄。然诸公所惜者技也，非才也；容也，非德也。技可学而至，容以饰而工；至其默会作者之才，婉承夫子之德，则非特人不及知，即予晨夕与俱，亦莫测其慧性所从来。何所取于贫贱衰老之家翁，而竭技毕能以娱之，之死靡他以事之，甚至奄忽之秋，犹涕泣告天，而求续好于来世也？天夭斯人，甚于亡我，肠非铁石，能无恙乎？人谓悼亡诗至二十律，无乃过繁？予犹苦其韵短情长，不足舒悲痛牢骚之万一也！

现选其中有注的数首于下：

其三

阿母相离甫六年，来时短发尚垂肩。
生成纤弱疑无骨，性带灵奇别有天。
弦管乍教师让座，词章未习口成篇。
李郎贫士胡来此，夺去方知事偶然。

（李渔自注：姬未读书而解歌咏，所谓天籁自鸣。尝作五七言绝句，不能终篇，必倩予续，此夭折之徵也。）

其六

从来鹤驾许谁扳，况是瑶池第一班。
只怪有情贻孽障，不因多事谪人寰。
仍收此曲归天上，徒累其身葬世间。
更苦香魂辞逆旅，满船明月载尸还。

（李渔自注：时随予客楚中，载柩而返。）

其七

聪明贤淑类如斯，千古谁人得稍迟。
不祷香魂犹不灭，愈呼天道愈无知。
名花落地风随止，霜草留根雪尚欺。
奇妒从来输造物，人间狮吼尽常儿。

（李渔自注：病方剧时，三楚名流为予醵资祈醮者甚众，皆不忍此曲为《广陵散》也。）

其九

换态移姿若有神，登场说法现来真。
须眉倏忽奇男子，粉黛依然一妇人。
哭未崩城先变俗，笑防倾国自亡身。
知伊玩世还同我，来有根原去有因。

（李渔自注：登场度曲时，姬为正旦，然亦偶尔为生，巾帼须眉，无所不可。人以通才目之。）

其十六

讳疾支离怕倚床，濒危犹作可怜妆。
自知薄命终无济，不使多情枉断肠。
身后倩人传絮语，病时为我爇名香。

计穷又作来生计，谁识来生更渺茫。

（李渔自注：姬病四阅月，惟临终数日，僵卧不起，前此皆勉力支持，犹加盥栉。同侪讯以故，答曰：非不欲卧，恐以不起愁主人，徒扰文思，无益于病者。时予方辑《一家言》未竟故也。又于毕命前三日，焚香告天，谓得侍才人，死可无憾，但惜未能偕老，愿以来生补之。此语亦嘱同侪，勿使予知。及其既殁，诸姬转述以告。予抚棺痛哭，几不欲生。噫！“世人皆欲杀，我意独怜才”，当世未见其人，讵料出于此辈！此予断肠诗所由作也。）

其十七

临终不改生时相，腐朽容颜倍可亲。
来处既凭天作合，去时宁屑鬼为邻。
秋波冻定还思转，眉黛烟消尚觉颦。
死虑君王憎丑态，汉宫羞杀李夫人。

（李渔自注：凡人之死，未有不改形易貌，或出邪语，谓有罗刹相侵者。姬独不然，自抱疴至终，无一诞妄之词，诀语无微不悉。死后面目，较生时觉好，含敛之物，悉经手检目视。倩人盥栉毕，始终正寝。与平时随予出游，倦极而卧者，同一形似。异哉此女！谓非羽化登仙，吾不信也。）

其十九

广陵散变湘灵瑟，昨夜怜予续好音。
倩女若能回玉趾，相如端不负琴心。
霜风飒飒肠增裂，夜雨萧萧涕莫禁。
愿假黑甜常会汝，巫山经过易追寻。

（李渔自注：姬亡月余，不得一梦。是夕始返离魂，丝竹备陈，奏予所改《琵琶记·寻夫》一曲。醒后余音在耳，为之凄绝。）

由此可见，李渔之于乔姬，绝不是以姬妾待之，而是以难得一见的戏剧天才来看待的，对她不仅充满着爱，也不无崇敬之情。

宋琬评这二十首悼亡诗说："读笠翁断肠诗，缠绵凄恻，使人泣下。乔姬固难再得，而花晨月夕，令二八女郎按拍而歌此辞，常闻环佩珊珊，招魂复起也。"倪闇公评："断肠二十首，惨伤之中，能使奇情杰句风卷云生。觉潘岳《悼亡》，不得复有千古。"

李渔重过江州时，仍念念不忘乔姬，又写有《重过江州悼亡姬呈江念鞠太守》：

去从此地易扁舟，箫管曾经载两头。
河伯未能惊旅魄，涛声翻觉助歌喉。
彩云一散人何在，白纻千年事已休。
莫把闲愁萦地主，青衫容易湿江州。

自乔逝后，李渔半年不忍听歌，可见他对乔姬的感情之深。半年以后他又写有《半年自乔姬亡后，不忍听歌者半载，舟中无事，侍儿清理旧曲，颇有肖其声者，抚今追昔，不觉泫然，遂成四首》。第一首曰：

人琴双绝已多时，谁鼓湘灵慰所思。
玉碎流声皆逸响，花残顾影即琼枝。
魂来犹助歌三叠，弦在如存命一丝。
自悔当时严顾曲，半由轻薄半由痴。

其第四首曰：

弦有离思竹有情，欢歌亦作断肠鸣。
当时坐听潜鱼跃，此夜愁看宿鸟惊。
怪事凭空书咄咄，招魂倚棹唤卿卿。
一声逗起千行泪，在座谁能不共倾。

李渔重过九江，游庐山，为简寂观作联，曰："天下名山僧占多，也该留一二奇峰栖吾道友；世间好语佛说尽，谁识得五千妙论出我仙师。”

李渔过彭泽、大小孤山，作词《浪淘沙·舟中望彭泽县》：

无寺有钟鸣，峦屿层层。白云偏向翠中生。百道涧泉流不歇，直接江声。　　仿佛见山城，又只星星。挂冠彭泽旧知名。吏隐此中如避世，何不留行？

又作《浪淘沙·顺风过大小孤山俱不及泊》：

帆急势如奔，得失相均。好山空与目为邻。引得二孤愁欲绝，双黛含颦。　　目送过江云，缓度成雯。无心愧煞有求人。一日纵行千万里，俗煞风尘。

李渔对乔姬念念不忘，由楚返金陵时，又写有《踏莎行·楚归江上悼亡姬》：

一派愁江，两条愁岸，合来才勾伤心半。去时舟即此时舟，可怜失却归湖伴。　　红蓼滩头，白蘋沙畔，当时好景谁同玩。一声玉笛楚江风，将身吹作梅花瓣。

康熙十二年（1673）初夏，李渔挂帆北上，再作京师之游。登燕子矶，有词《念奴娇·登燕子矶与黄无效同作》：

秣陵雄胜，有矶名燕子，倚江为麓。临去系舟登一度，胜买画图千幅。水自巴山，舟来巫峡，远近分迟速。溯流直上，千里未穷双目。　　料得王谢当年，行惯车轮熟。鸟语涛声皆当乐，何必更偕丝竹。人物风流，江山奇丽，千古谁能续？两家燕子，不知今在谁屋？

白仲调评：“淋漓慷慨，唾壶口缺，燕子欲飞！”

过扬州，作七律《次韵和黄无傲广陵怀古》：

每经此地悼隋疆，烟霭迷离若望洋。
游女绕堤存殿脚，宝钗盈冢护雷塘。
风流天子方朝旭，惨淡京师已夕阳。
过客且酣今日酒，不关人事是兴亡。

过高邮，作《阻风秦邮，喜酒米鱼虾皆贱，似石尤有灵，择地而发者，喜成四绝》。其二曰："三过盂城未揽舟，近图果腹暂淹留。十年饥馁偿今日，天饭王孙假石尤。"为露筋祠题联："当时怜嫂后怜姑，形姑之清者全由嫂浊；昔日露筋今露骨，笑骨之脆者只为筋柔。"

过清江闸，有词《送入我门来·舟中飓风大作，尘飞蔽天，时泊清江闸口》：

河伯惊心，封姨聒耳，终朝襆被蒙头。满案飞尘，堆起别乡愁。南方花鸟盈车弃，把北地风沙论斛收。　若为荣华博取，便食土羹尘饭，也类珍馐。雨笠烟蓑，来此欲何求？漫携清水滩头钓，去远泛黄河浡里舟。

渡黄河，作七古《黄河篇》：

昔闻黄河势九折，尾闾上自昆仑泄。
不信果从天上来，源泉混混无穷竭。
我昔曾过砥柱西，河流如线窥端倪。
谬谓大禹奋全力，牛刀小施同割鸡。
此时溯淮兼入济，舟行一半黄河里。
耳接奔涛目望洋，慢然遂获穷其理。
始如处女后脱兔，此中兵法谁能拟。
方其初潆积石时，自知力俭惟守雌。
不因原委自天出，功思行健穷王师。
骤雨何尝不自天，易竭常为人所知。
及其逶迤入南国，潾沆兼收细不辞。
三川四渎暨九泽，阿谁不为河伯资。
水之积也力斯厚，川兮不为川所囿。
气蒸磅礴如云烟，威行不怒犹酣斗。
俯视众流不足较，仍思上与天河就。
挠清使浊何昂藏，千秋百世谁能降？
江海能深不能浅，神哉此物兼其长。
顷刻桑田出沧海，河清可俟淤难防。

博望槎来谁与渡，神仙到此迷津梁。
我来正触桃花浪，始患奔腾终虑障。
顺风日日不扬帆，潮头似隔三千丈。
拽得船通路又淤，荡舟无力徒相向。
求为横流不可得，才知力在阳侯上。
伯宗缟素哭河神，知其可祀不可抗。
王者祭川必首河，河安其宅民无恙。
呜呼!彼壅此决民安之，田禾为沼居为池。
方今圣人已生天下治，千年一清斯其时。
寄语官人浚勿迟，主德无亏孰承疵?
不于其物于其司。

刘了庵评："雄浑博大，真得老杜之神。有此题，仅见此诗。"纪蘖子评："可补太史《河渠书》。"屠芝岩评："幅中写九曲势，历历如在目中，非予久滞河干，不能心领神会。"

李渔这次进京带有《笠翁诗韵》稿本及芥子园精制之洒墨笺。有官员向其索要《诗韵》和洒墨笺。李渔这次进京还为贾胶侯设计了半亩园。震钧《天咫偶闻》卷三谓完颜氏半亩园在弓弦胡同内牛排子胡同。国初为李笠翁所创，贾胶侯中丞居之。后改为会馆，又改为戏园。道光初，麟见亭河帅得之，大力改葺，其名遂著。纯以结构曲折，铺陈古雅见长，富丽而有书卷气，故不易得。钱泳《履园丛话》卷二十也记载京师惠园在宣武门内西单牌楼郑亲王府，引池叠石，饶有幽致，相传为李笠翁手笔。

李渔遇老友施端教(字匪莪)，有《赠施匪莪司城》诗：
天下何人最潦倒？ 名媛色衰名士老。
长门陋巷同凄其，煮字绣文俱不饱。
施子昂藏老不穷，才坚傲煞江文通。
四十年前旧名宿，尚能矫翮凌秋风。
同学少年俱异物，美尔岿然犹独立。

河阳栽花已十年，魏阙上书犹一日。
治平奏最来京华，继起名贤争造膝。
公卿矢口曰先生，不敢呼名同百职。
询其所居者何官，不过为郎卑执戟。
诚哉贵德不贵爵，兼信读书为有益。
我亦甘贫学道人，与君著书俱等身。
老年窘煞不龟手，一赋难卖千黄金。
匪此不形施子贵，一车一笠征交情。
感君意气招我饮，肝肠不逐冰操冷。
古人相别赠以言，名士多才忌驰骋。
君蚤立功予立言，相期不朽追前贤。
富贵可羡劳亦足，输予一枕南山巅。

许茗车评："写愫直以镂肝，想见下笔时掀髯之乐。"何次德评："老名士相对，自然情致委曲。"柯岸初评："招隐处更见古道。"

李渔又作《大宗伯龚芝麓先生挽歌》，挽龚鼎孳曰：

天心爱道君崇儒，不应遽死龚尚书。
天下斯文望标的，撤此坛坫胡为乎！
虞山捐馆太仓没，天下斯文丧其七。
仅余三分在合肥，奎星犹耀江南北。
泰山今日忽焉颓，此道中原悲寂寂。
公历天衢四十年，不止为民解倒悬。
在在少陵开广厦，庇尽寒士无迍邅。
俸钱不足继以贷，日极月累成逋仙。
妻孥有时相对泣，衣裳质尽寒无毡。
公在婆心终不死，濒危慷慨犹生前。
可怜易箦登仙日，四壁萧萧馀不律。
贷而索者何纷然，售琴典鹤无遗策。
官居八座有箪瓢，位近三台无第宅。

匪此不昭公相贤，计之得也非云失。

屈指千秋士大夫，不可有二惟君一。

我持此诗哭九原，碎琴不鼓焚诗编。

人间莫怪无知己，风雅於今尽在天。

施匪莪评：“此崔颢《黄鹤楼》诗也。辇下诸贤欲挽宗伯者，皆为此诗阁笔。予之借口藏拙，又不待言矣！”何省斋评：“‘八百孤寒齐下泪，一时回首李崖州。’孝升（即龚鼎孳）不死矣！”（《唐摭言》载，李德裕为相，颇为寒进开路，及谪官南去，唐人咏“八百孤寒齐下泪，一时回首望崖州”。）

索愚庵相国挽留卒岁，但李渔还是辞行了。李渔有《复柯岸初掌科》书，说到辞行的缘由：“渔幸以草莽贱夫，混迹公卿大夫间。日食五侯之鲭，夜宴三公之府。长者车辙，充溢衡门。馆阁诗筒，捷于邮置。侥幸若此，而不欲久留，是为薄福人矣。……渔抵都门数阅月，窃见缙绅先生之债而食者十居八九，是地主之贫，犹甚于客。……昨有馈书仪十二金，渔往谢而值其不在，见有贽券一纸，伏于研石之下，取而阅之，则所典之镪数，适与所馈相符，始知贫士上交，累人不浅。睹此情形，而犹恋恋不舍，则喜者半，而畏者亦半。……士至为人所畏而始去，则其为交也不绝自绝，此后尚有余地乎？……故南归之志已决。”

王姬病故，李渔作《后断肠诗十首》悼之，序曰：

乔姬既殁之次年，予入都门访友，以王、黄二媛随行。黄素善病，药裹不离；王则居平安好，从予七年，不识刀圭药饵为何物。忽于舟中患恙，始则似是而非，天癸不至，腹渐膨然，谬以为娠。姬望子甚切，非止不忧，且觉喜形于色。如是者屡月，病不稍减，而经忽至焉。始知从前见食而呕，肌渐削而腹渐高者，是病血非病儿也。始则认忧为喜，今则转喜成忧矣。时黄姬怀娠已八九月，预制襁褓待生。

姬见同侪若此，而己不与焉，口虽不言，深有不惬于中者。

然病势虽剧，饮食居处皆如常，沈顿不起者才四五日，乃竟溘然死矣。未死之先，犹日讯予曰："常闻女伴中有实实怀胎，而天癸尚行故者，俗名谓之狗儿胎，得无是乎？"予知其诞妄，而故予以两可之词，慰其心也。噫！妇人望子，犹人士之于荣名，商贾之于货殖，知其不得而以身殉之，比比而是，可胜悼哉！姬性之贞而慧，不出乔姬下。故以悼乔者悼之，又得断肠十首。

现在也选录几首有注语的于下：

其二

角巾纱帽日笼头，俊雅谁称是女流。
庄语有时难伉俪，诙谐无处觅娇羞。
居平惯作夷光侣，此去应同范蠡舟。
不但姬亡良友失，忍教双泪一齐收。

（李渔自注：登场演剧时，乔为妇而姬为男，丰致修然，与美少年无异。予利其可观，即不登场，亦常使角巾相对，伴麈尾清谈。不知者以为歌姬，予则视为韵友。伤哉此殁！茅堂左右虚无人矣。）

其三

我见犹怜匪一人，二三知己倍相亲。
义敦死后情方古，妒绝生前爱始真。
挂树无凭身作剑，续交有术墓为邻。
高风我欲从今止，切勿同侪又怆神。

（李渔自注：诸女伴中，姬与乔、黄最密，三人尝缔私盟。乔易箦时，以婴女托孤于王，属其抚育。讵意母亡未几，女亦旋殁。姬以负托九原，时时抱痛，此致疾之由也。及其既死，黄又以孑然独立，顾影凄其，哭之最恸，几至陨胎。夫女忌色而男忌才，古今通病。利其死者则繁，求作程婴、延陵于身后者，则从未之有也。以此征贤，贤可知已。欲不怆然，其可得乎！）

其五

姐妹丛中怪尔柔，让人事事失先筹。
操戈既愧娇无力，唾面徒知自掩羞。
奇懦也遭神挫折，赤贫难任鬼诛求。
自来天道皆如此，福善惟凭土一丘。

（李渔自注：诸姬之中，有妒而败类者一人。自乔姬亡后，予即怒而遣之，去稗正以存苗也。讵料终归于此！噫，妒而去者未必云亡，贤而在者翻登鬼箓，福善祸淫之说将安在哉？）

其六

贞心比石石非坚，碎首难教易二天。
董发署从人嫁后，姜舟矢向我生前。
诚能感物欢成涕，德可移情妒作怜。
死葬吾家心已遂，知君含笑入重泉。

（李渔自注：予遣他姬，憎其妒也。姬不解予意；谬谓一遣百遣，继将有事于后人，乃向内子及诸妾涕泣而道曰："生卧李家床，死葬李家土，此头可断，此身不可失也。"内子知予不遣，故设疑词难之曰："主人老矣，不若乘此芳年，早求得所之为愈。"姬曰："主人老，而主母之中尽有艾者，诸艾可守，予岂独非艾者乎？"诸妾又曰："我辈皆有子，汝或不生，后将奚恃？"姬曰："主母恃诸郎君，予请恃其所恃。"时内子及诸妾、诸儿女，一闻是言，无不沾沾泣下。内有一人而三男者，嘉其贞淑，愿以幼子子之。姬曰："姑缓数年，如其不育，请践斯语。"此语阖宅皆闻，独予未经耳受。后内子及诸人争相传告，谓此女异人，非常妇也，当破格视之。夫以少妇事老人，不自出怨言求去亦已足矣，乃主人不遣，而自虑其遣，又以种种激烈之词，能以一片精诚感格主母，非止不妒，且欲割爱子相予，伊何人哉？吾不能测其赋性所由来矣。）

其九

已知死别终难别，纤手如冰且共携。
一息尚留情委曲，片声空咽语凄其。
靓妆不卸离魂日，馀态犹妍瞑目时。
谁识秋波临去转，有人吟作悼亡诗。

（李渔自注：姬临殁时，犹以手执予手，偎予面曰："良缘遂止此乎？"时欲泣无声，且无泪矣！）

乔、王二姬对李渔感情如此深厚真挚，在少女作妾伴老人的畸形社会中是极为罕见的。究其原因约有三个方面：一是李渔对待二姬是真诚的、平等的，他并没有将她俩仅仅视为侍妾，而是将其视为参与他的戏剧事业的杰出人才，不仅爱护她们，还尊重她们的人格。二是乔、王二姬敬重李渔，仰慕他的为人，敬佩他在戏剧、文学方面的杰出才华。三是李渔虽有众多妻妾，而对乔、王二人更为关爱，从而使她俩对李渔也动了真情。由于以上原因，故而笔者将前、后《断肠诗》选录较多，以飨读者。

康熙十三年（1674），李渔自燕归，游芜湖，再游杭州。

归时经过扬州，作词《朝中措·平山堂和欧公原韵》二首：

每临此地忆欧公，才内数英雄。宦辙每经到处，山光点墨增浓。 平山如扫，烟鬟稀少，态亦疏慵。只为当年嫁与，鸡皮渐返娇容。

江南山在画图中，一座远屏风。二十四桥明月，合来承值仙翁。 其人已往，此山犹在，谁继芳踪？太守新开讲院，仁山近作欧公。（李渔自注：堂为金长翼太守复建，故云。）

李渔于寒食后一日到家，有《寒食后一日归自燕京》二首："驰驱一半为春来，欲趁春风醉几回。不枉戴星行一月，入门犹及见花开。”“年来果否鬓添丝，未引青铜照即知。若使面容还似旧，不应犬吠入门时。”

又有词《好时光·春归》，题下自注：“时予来自燕都，清明之后一日也。”词曰：

千里人归可喜，况与寒食相邻。桃李迟开缘待我，殷勤到十分。 踏青明日起，带便访友探亲。欲说他乡事，且过好良辰。

又有《蝶恋花·清明后一日归自燕京》：

迟放花枝因待我，天禁风吹，暗下葳蕤锁。今日问天天曰可，金钱卜后人归果。 柳不禁烟桃似火，杏未全开，褪出珠千颗。富贵但求名利躲，只祈风月天犹颇。

可见这一时期李渔心情极好。

夏天，李渔游芜湖，过鸠兹，为曹石臣作《曹细君方氏像赞》。序曰：“石臣怀细君像示予，为之涕泣索赞。谓此意出自内人，濒危有遗言，冀得李子片语，死当瞑目。因在生时，非湖上笠翁之书不读，知此老惯操三寸不律，起亡者而存之。”由此可见当时读者对李渔作品喜爱的程度。

六月，李渔作《写忧》四首：

升平才有象，又复虑沧桑。即戴满头雪，重遭压鬓霜。
家贫嫌口众，智短怪身长。此际才何补，临溪掷锦囊。

老乏澄清志，徒能泣楚囚。无官虽少累，多子却添愁。
屠钓真堪隐，林泉未尽收。故交天际满，谁是可依刘？

兵凶谁不识，无奈近人何。尽喜传风鹤，偏思听雪鹅。
乱从心上始，忧向耳边多。有计能无惑，中山尽日酡。

老友皆同我，人人抱瘰忧。桑麻无静土，阴雨乏先筹。
极目千家泪，惊心六月秋。试观旬日里，又白几人头。

写生活之艰难，感慨之深沉，真有杜甫秦州诗的风格。

秋天，李渔再游杭州，喜遇丁药园。丁药园（名澎，字飞涛、淡汝），浙江仁和人。顺治十二年进士。历官礼部郎中。十四年充河南乡试副考官，以违例被参。十七年籍没家产，流徙尚相堡，历五年始放还，工诗词，名列“西泠十子”、“燕台七子”、“辇下十子”。有《扶荔堂集》、《扶荔词别录》、《白燕楼诗》、《信美轩集》传世。顺治初，与渔相识于金华，成为好友。晚年遇李渔于杭州，为《笠翁诗集》作序评。现存的李渔作品中，有大量丁药园的评语。

李渔有《与丁飞涛仪部》书，书中充满着对丁药园的敬佩之情：

以片刻聚谈，偿十年契阔，欲语私衷，挂一漏万，徒增别后之怦怦耳！犹幸各有新篇，交相印可，以笔代舌，无异同堂，较之坐以竟日，止勾寒暄者，犹觉彼逊于此也。

蒙贶诗词二刻，未行之先，应酬纷纷，无暇寓目。才入舴艋，即以二物代干糇，觉比麟脯熊蹯，尤耐咀嚼。诗无近人习气，更无唐人习气，真可独有千古，奚止凌轹一时；词则隶使苏、秦，奴鞭辛、柳，自成一家，而又能合众美以成一家。

弟自选词以来，未有庆得其人如今日者。诗馀为填词宾白之先声，将来必有院本，词场突出一飞将，湖上翁之片帜，将为大力者攫之而走矣！一词一诗，均道此意。

乞批削示教，以便灾梨。

另有《赠丁药园仪部》诗，李渔于题下自注：“药园归自谪所，已经数年，予浪游四方，苦不相值。甲寅之秋，始得快聚于武林。读其出塞、入塞诸诗词，天怀如旧，绝无悲楚之音，是才人达士克兼之矣。喜而有作，即以寄之。”诗曰：

十载重逢旧赏音，啸歌悲涕总难禁。
玉门关喜犹生入，沙碛诗能不苦吟。
身作令威人是鹤，才同司马赋为金。

卖文尽有山中禄，莫更飞翔侈远心。

李渔还有《满江红·读丁药园扶荔词喜而寄此勉以作剧》：

傀儡词场，三十载，谬称柳七。向只道中原才少，果然无敌。止为名儒崇正学，不将曲艺妨经术。致幺魔忽地自称尊，由无佛。　魔数尽，真人出。旭轮上，灯光没。看词坛旗帜，立翻成赤。愧我妄操修月斧，惜君小用如椽笔。急编成两部大宫商，分南北。

李渔认为丁药园极有写作剧本的才华，极力勉励他创作剧本，并预言他的成就一定能超过自己。

访武林旧居，遇老友孙宇台，请其为《一家言》初集作评。他在《与孙宇台》书中写道："弟向在湖上，时益友二三，于吾宇台首屈一指。自弟播迁以后，宇台亦分东西南北之人，不通闻问者遂至十有余载。""迩因各归故乡，萍踪复聚，头颅虽白，兴致尚豪。""兹作一诗奉寄，兼以新刻附览，择其可评著评之。书虽刻成，梓人惯作女娲氏，文字之天，犹可补也。"今存《笠翁一家言》中，有孙诗文评若干则，可见他们二人也是文字挚交。

李渔回到江宁时，作有《甲寅到家口号》："兵戈队里祝生还，望见吾庐泪始删。莫作寻常门户入，乱离家是玉门关。" 李渔又写信给余澹心，慨叹家境的艰难："弟自乔王二姬先后化为异物，顾影凄凉，老泪盈把，生趣日削一日。近又四方多故，蹙蹙靡骋。啼饥之口半百，仰屋之叹一人。不知作何究竟，惟有援国事以喻家事，付之无可奈何而已。"家庭昆剧班子两大台柱折断，收入骤减，使李渔心情沮丧，于是他致书徐电发，作迁家避乱之谋："吾乡寇警渐疏，此地妖氛转炽，弟欲归依刘表，未审贵东翁及在上诸当路，肯复授一廛而为氓否？"他已在为迁家至杭州做准备了。

康熙十四年（1675）五月，李渔曾游绍兴越望亭，作联一副："若耶溪上，泛者去来不止，何如游此地乎，静听争流之万壑；山阴道中，苦于应接不暇，是以建斯亭也，坐观竞秀之千岩。"又有七绝《和闰端阳四首》，其三凭吊投江之曹娥，诗云："忠孝传闻古事多，屈原吊罢吊曹娥。若教常闰端阳节，裨益人心更几何。"

夏天，李渔送长子将舒、次子将开赴严陵应童子试，有《严陵纪事八首》，序曰："乙卯夏，送两儿之严陵应童子试，寓何昼公使君园亭。湖光山色，明月清风，迭为地主。又得观察万肃庵先生，暨郡守治中邑宰诸侯适馆授餐，交相拂拭，非但忘暑，且不知此身之在客矣。羽书络绎，戎马生郊，斯何时也，犹叨庇于群公若此，因赋八绝以志幸。"

其一

严陵风景旷难收，今日何期寓此楼。
万壑千岩相对语，无心更下钓鱼钩。

其二

暑月温和俨似春，只因寄迹在湖滨。
江山风月皆留客，不独居停是主人。

其三

十载虚名酒一壶，杖藜随地赚青蚨。
江干车马惊猿鹤，愈使文章一字无。

其四

礼贤盛事忽重修，惭愧缁衣上鹿裘。
不是其人游列国，授餐适馆误诸侯。

其五

时方用武独修文，境有弦歌理乱分。

始识桃源无定在，只须镇俗有神君。

其六

学使巡行择地留，峰峦奇处系扁舟。

呼儿传与行文诀，笔似悬崖始见收。

其七

未能免俗辍耕锄，身隐重教子读书。

山水有灵应笑我，老来颜面厚于初。

其八

猿鹤相逢虑见猜，却因鄙事挂帆来。

子陵不为儿孙计，归去何颜过钓台。

其中有自嘲，有自叹，也有自责。

回杭州时，李渔经过严陵钓台，作《多丽·过子陵钓台》词：

过严陵，钓台咫尺难登。为舟师，计程遥发，不容先辈留行。仰高山，形容自愧；俯流水，面目堪憎。同执纶竿，共披蓑笠，君名何重我何轻！不自量，将身高比，才识敬先生。相去远：君辞厚禄，我钓虚名。　再批评、一生友道，高卑已隔千层：君全交，未攀衮冕；我累友，不恕簪缨。终日抽风，只愁载月，司天谁奏客为星？羡尔足加帝腹，太史受虚惊。知他日，再过此地，有目羞瞠。

秋天，李渔因糖尿病而卧床。钱塘县令梁冶湄有《寄讯笠翁抱病》：“每念文园病，黄花又送秋。胡为消渴久，愧乏片肝投。喜见多诜羽，无烦虑首丘。加餐须努力，好向越人谋。”梁冶湄一面安慰他，一面已答应李渔移家杭州的请求。不久，病稍愈，李渔即返回金陵家中。

康熙十五年（1676），李渔准备从江宁移家至杭州。《上都门故人述旧状书》曰：“仆本浙人，虽家于金陵，非土著也。首丘之念，蓄之已久，矧祖宗墟墓在焉。自乙卯岁，两儿泮游于浙，遂决策移家。客岁（丙辰）蒙浙中当道，协力维持，获遂买山之愿。乃自夏至冬，不及一载，卜居之后，继以土木，土木未竟，继以婚娶，婚娶甫毕，即事迁移。”

冬天，祭陈大来。陈大来，名启秦。甲寅之变，耿精忠胁之使叛，毅然拒之，妻妾子女二十四人，除留二子外，全部尽节。李渔《祭福建靖难巡海道陈大来先生文》序曰：“渔受先生特达之知，闻凶耗于乙卯夏，惊怛久之。然不敢设位而哭，虑此信之或讹耳。丙辰冬，八闽大定，询得实耗。”“予家人欲俟灵辆经过，设奠未晚。予曰：‘士哭知己，等于君亲，人能待，泪不能待也。矧闽越相距，数千里而遥，遗子孱弱，知其扶榇于何年？望空一祭，不可少也。’乃设鸡鱼豚首各一，蔬簋四。但不设位，以其生前赠物之尚存者，奉二一以代主。”文曰：“公之一生，诙谐其口，放浪其形。人但许之以豪杰，未必尽料其忠贞。既有声乐之嗜，即多珠翠之萦。人皆虑其死裙带，孰能谅其杀娉婷？访颐生之药于华、董，学延年之术于籛、彭。向尽疑其求生之过笃，今反讶其视死之太轻。”可见李渔对他评价之高。

李渔晚年又移家杭州的时期（1677—1680）

康熙十六年（1677）正月，李渔移家杭州。《上都门故人述旧状书》："住金陵二十载，逋累满身，在则可缓，去则不容不偿。故临行所费金钱，什百于舟车之数。无论金陵别业属之他人，即生平著述之梨枣，与所服之衣，妻妾儿女头上之簪，耳边之珥，凡值数钱一镪者，无不以之代子钱，始能挈家而去。"

登燕子矶。有《登燕子矶观旧刻诗词记》：

采石、燕子二矶，皆金陵雄胜地也。江左名山多矣，鸡鸣、牛首，雁行钟、摄诸山，环立于郡之三面，登之极高，而为眺甚远，然天下之人，知其名而莫之至者众矣，即土著之民之至者，亦仅十之一二。至于采石、燕子，较之诸山，一卷石耳；乃四方主人不至则已，至则未有不登者，以其滨江，与行人就也。诸山皆去城远，游者必专治舟楫，惟士大夫有逸兴者能之，俭而慵者，虽近莫登，况远者乎？ 然则同一山也，其得地与否，亦有命焉：得地则小者亦荣，否则万丈之高，百里之广，慕此区区者而不能学，有自甘寂寞而已。然即此小者之中，又有幸不幸焉。采石虽滨江，犹去居民数里，客舫过而不留，晚亦弗泊，虑萑苻也；燕子则密迩民舍，行舟往来，过此即无住处，即日之方中，时之未暝，客欲兼程而进者，又有天作之合，使不得遽行，则石尤风是也，帆之上下，必有一阻，故此矶登眺之人，从无虚日，山之得地，莫是过矣。

嗟予命最不辰，事事与此山相左，乃复与之有缘，十至此而九避风，避则必登，从未有扬帆竟渡者。辛亥秋，予阻风泊此，曾留一联、一诗于亭上，好事者以木代石，镌而为碑。后二年，与小友王安节月夜泊舟，坐饮其上，复题诗二律、词一阕，居民复梓之，悬于路口。是两志阻风，足征予言之不诬矣。一人若是，其他可知。

丁巳首春，移家过此，余婿沈因伯强予登山，欲观手迹之存否。至则宛然无恙，因伯举手贺曰："久而不灭，山川之灵也。可以数年，即可以千载，诗词与联，偕名山而不朽矣。"予曰："汝见四方诸名胜，前人碑刻，百有一存者乎？石且易朽，何有于木？且亭非千年物也，异日亭之不存，诗将安传？且吾更虑陵谷变迁，焉知千百年后，此山此石，不并入巨浸中邪？欲计久长，则有古人之三不朽在，无须问诸水滨。"

初春时，李渔到达杭州，居住在层园。层园位于吴山东北螺蛳山铁冶岭之中，右有郭璞井，系购张侍卫旧居。

初夏时摔伤，伤势颇重。《耐病解》说："春杪夏初，微有起色。旋以下楼失足，猛然一蹶，筋骨皆伤，濒于死者复两阅月。"

仲夏季节，带病送子就试婺州，经过乔、王二姬婺城旧寓时，写《最高楼》词痛悼：

伤心处，切莫再听歌。触耳奈心何！旧曲敢云天上有，新声未必世间多。但人情、惟赞己，只嫌他。　忘不了，轻纤花下口。撇不下，松圆弦上手。衫短縠，扇轻罗。有情但觉东施好，无缘空把太真苛。盼空房，来好梦，遣愁魔。

在婺州又添新病，带病乘轿返回杭州。《耐病解》："又以冒暑受伤，舆疾而返。始而痢，继而疟，继而疟痢并作，加以嗽喘怔忡诸余症。”

八月初七生辰，父女和诗。李渔作七律《初度日和长女淑昭称觞韵》，有句云：“浪掷韶光又一年，空教儿女惜华颠。”又作七律《又和次女淑慧称觞韵》，曰：“儿女喁喁绕四筵，得知婚嫁了何年。”

八月游湖州，适逢沈因伯四十寿辰，作《阿倩沈因伯四十初度，时伴予客苕川，是日初至》诗曰：“一生皆累汝，今日更惭予。母女周艰食，翁婿并饥驱。致使称觞日，犹然赋索居。”由此可见李渔对这位女婿的感激之情。知府胡子怀接待殷勤，李渔作《吴兴太守歌》称颂他：

近日文章贱如土，倾囊赠人人欲挥。
恨不复下坑儒令，大风疾扫咸阳灰。
谁知君性偏奇特，生平落落无相识。
忽见通名有笠翁，吐哺出见忘朝食。
周旋三日两开筵，不喜相离喜相即。
谬认无才作有才，使人欲默默不得。
日挥百首夜千言，不俟片云头上黑。
袜线俄惊百尺长，始信当权能造物。
即此知君善化民，恕顽奖善皆仁术。

在湖州，李渔受到府县官员热情接待，邀请他游览境内名胜，并听梨园度曲。李渔在《秋日同于胜斯郡司马、顾梁汾典籍、高凤翥邑侯集何紫雯使君署中，听新到梨园度曲》诗中写道：

有客同时佩锦囊，栽花县里看秋芳。
弯弓预习持螯手，觅句能宽贮酒肠。
小部新来天上曲，轻衫犹带月中香。
漫言在席都年少，老兴如侬亦复狂。

在《又自步前韵一首》中又写道：

才过九日弃萸囊，又赴荣招揽众芳。
彻骨官同鸡有肋，忘形人似蟹无肠。
陶潜篱舍花难好，荀令衙斋竹更香。
小隐从来输大隐，睹君不觉悔诗狂。

湖州所产螃蟹非常有名，他们请李渔游览观剧，还请李渔吃蟹。《胜斯郡丞邀陪余霁岩别驾、林象鼎参军，衙斋听曲，携菊而归》中写道：

多情地主惯添杯，十度邀宾九唤陪。
食饱难禁螃蟹劝，饮迟无奈菊花催。
歌童岂止声音好，坐客非关酒意颓。
归去预愁身寂寞，连瓶携得锦葩回。

《偶过余霁岩别驾署中，晤周沛甄文学，适何紫雯、吴睿公皆不期而至。因留啖蟹，并耳清歌，即席同赋，限阳字》中写道：

此番倾倒不寻常，旭日酣歌到夕阳。
不速客来如有约，无穷蟹到类输芒。
霓裳一换歌容改，檀板初停笑语香。
醉后狂言随口出，岂知身在大人旁。

文友也请他吃蟹，大作啖蟹诗。

《吴兴喜遇寄湖上诸同仁》写道：

吴兴地主尽怜才，队队旌旗入草莱。
才到一身双榻下，未经三日两筵开。
东家吃饭西家宿，左手持螯右手杯。
但苦民间寥落甚，非官不送酒钱来。

因吃蟹而叹民间寥落，可见李渔不忘民生疾苦。

李渔在旅途中编纂《一家言》二集。《与孙宇台、毛稚黄二好友》书中写道："弟自春孟移家至杭，即染沉疴。三愈三反，死而复活者数四，再不料看菊持螯之日，尚有一笠翁在人间世也。兹幸小愈，饥驱至苕川。幸地主稍贤，能以佳茗醇醪药我，不致遄死。然此不过药中佐使耳，非恃以为君之药王也。药王维何？管城子、楮先生、即墨侯，三人而已。日来所作诗文杂著，竟盈数大帙。坊人苦索，谓弟《一家言》之初集，大噪海内，真是瓦缶雷鸣！四方人士询二集曾否出者，日有数辈，盍急梓之以已众渴？故弟欲以病中病后之言，合前已刻而未竟者，共成一书。”“弟所恃为郢人者，宇兄及稚兄两人而已。兹特专力送上，乞为痛铲严削。”“前赐佳评，俱已登之版上，非久即以纸墨从事矣。”由此可见李渔对著作的重视。

李渔又有《与韩子蘧》书云：“昨梁老（顾梁汾）向弟云：‘迩来多恶抱，昨得快书一种，才读数卷，不觉沉郁顿开。’弟问何书，答曰：‘即尊著《闲情偶寄》也。’弟问何处购来，答曰：‘穷途焉得买书钱，不过向书船借读耳。’”有书船专门出租李渔《闲情偶寄》等著作，可见李渔作品在当时影响之大！

李渔返回杭州时有五绝《促袁大登舟》曰：

莫恋乌程酒，同舟拭目频。行人待潮去，潮不待行人。

李渔在此期间，作《梦饮黄鹤楼记》，这是一篇名文：

“仙家自昔好楼居，吾料乘黄鹤者，去而必返；诗客生前多羽化，焉知赋白云者，非即其人？”此予题黄鹤楼之联也；“十年心醉此楼名，今日登临体较轻。目眺神仙追去鹤，酒浇鹦鹉吊狂生。莫嗟老大无休息，还喜中原少战争。试倚危栏听逝水，至今犹作鼓鼙声。”此予登黄鹤楼诗也；“往返于斯一载周，客游不壮壮仙游。凭虚也当骑黄鹤，贳醉无惭典黑裘。壁上新诗终漫灭，石头锦字易沉浮。临行莫惜重登览，知复何年上此楼？”此予别黄鹤楼诗也。一楼耳，既联之，复诗之，又复诗之，亦可谓眷恋之深而周旋无不至矣；乃既去而梦，觉而复为之记，无乃钟情过笃，物而不化，犯吾家老子之忌乎？曰：不然。物不足以泥人，其所以泥之者，必有物外之物，是以系人思后之思。

予客武昌一载，多贤主人，如蔡大中丞仁庵、董大中丞会徵，张方伯九如、高臬宪钦如、王副宪鸣石、王少参茂衍、娄观察君蕃、纪太守子湘、李太守雨商、张司马秀升、唐邑侯松交、伯祯诸公，皆一代贤豪，三楚名宦。予往来其间，尽叨国士之知，饮酒赋诗无旷日，又多在黄鹤楼上，醉即枕藉乎其中。古诗云："丈人屋上乌，人好乌亦好。"有如许临邛妙主，即以当时乘黄鹤者处此，亦必去而复来、来而未肯复去，矧我辈为情之所钟者乎？是以既去而梦，梦而不得不为之记也。自壬子至今，更六年所，梦返是楼者，奚止数四？然皆模棱仿佛，梦中所言，醒莫能记，是恍兮惚兮之梦，非俨然宛然凿凿然，是梦非梦之梦也。曩时梦中所遇，无非旧好，然所厚诸公，或在或不在，惟臬宪高公则无往非遇，盖高公友予更密，故念念及之。语云："日之所思，夜之所梦。"即此可见梦非梦也，思也，思物非思物，思物外之物也。其理既明，请述梦境。

是岁七夕前一夜，梦予仍客汉阳，诸公折柬来招；问宴集之所，则以黄鹤楼对。时予在子湘太守署中，闻呼而往，至则诸公皆在座矣。高执予手询曰："乔美人无恙乎？"乔即予之雪儿，能歌善病，殁于汉阳，予作《断肠诗》二十首悼之之人也。予对曰："死矣！"言讫痛哭，诸公皆叹息，高独厉声曰："汝诗有云：'丈夫亦有泪，但不洒儿女。'胡为自谬其言？先罚一巨觥！"予不能辨，高亦不果罚。剧饮逾时，忽飘风大作，继以雷电。凭槛而视，估客有覆舟于江者，疾声厉呼，闻者心恻。少迟，见一物自怒涛中腾跃而起，色赤有光，犯楼直入，几抵乎座。诸公目之为龙，予曰："龙有角，而此独无，殆蛟也。"座有一客，似经识面而不记姓名，欲乘此以去，予急正之，客曰："有极不平事，欲诣上界叩阍，位高难达，非乘此不可。"言毕遽去。予错愕久之，谓诸公曰："昔人乘黄鹤而升天，此公御赤蛟而诣阙，岂赤蛟即黄鹤之幻形乎？"复饮逾时，未见移席，忽更其所，变高楼为平地矣。藉草而坐，面江而饮。予询诸公曰："此何地邪？"诸公不答，一客笑而言曰："子负诗名已久，来楚又非一日，坐鹦鹉洲而不识其处，不几为祢正平笑乎？彼土累累，即其墓也。"予惭谢不已，谛视其人，即乘蛟以去者。夫此一客也，先何为遽去，今胡以忽来，予与诸公皆莫之诘，且若未尝有其事者，此则梦境之常，无足怪矣。至此遂觉。

觉后忆梦中人，自高公而外，则有鸣石副宪、茂衍少参、子湘太守、秀升司马，暨熊子元献、李子仁熟，其馀诸公则在仿佛之间，不能知其果在与否。熊、李汉阳人，予诗友也。

佟碧枚评此文说："疏宕亦复委折，在永叔、子瞻之间。"认为此文水平不下于欧阳修、苏东坡，可见对其评价之高。

李渔有《今又园诗集序》，在文中写到自己居住层园、思念慈母的情景：

丁巳春，予自白门移家湖上。碧波千顷，环映几席，两峰、六桥，不必启户始见，日在卧榻之前伺予动定。因题一联于斋壁云："繁冗驱人，旧业尽抛尘市里；湖山招我，全家移入画图中。"又叹家慈在日，泛湖而乐，指岸上居民曰："此辈何修，而获家于此！"今全家入画，而吾母不与，正切风木之悲，适天台叶先生以予告养亲，偶来湖上，投我以《今又园诗刻》。卒业而叹曰："嗟乎！先生有母，翳我独无。且人皆有母而无母，先生独能始终以有其母，何其幸欤！"

夫人宦游四方，咸叹不遑将母，即或偶归，归而复出，至辜倚闾之望者，往往而是。先生令潜，满考，擢刺彬阳，皆得迎养其母。无何而请假归台，寻去台，徙镜湖之上，又获依依膝下。以视予全家入画而独少一人者，其幸不幸何似？然先生则更有不可及者：自去彬之明年，即闻滇、黔之警，凡仕于湖南而不得归者几何人？去台之旬日，闽叛复作，依草附木者揭竿而起，凡家室之免于涂毒者又几何族也？而先生皆得脱然于颠危之外，以常有其母，是岂人可易及者欤？如其恋恋一官，则此时此日，不知身在何许，家在何许，其视全家入画而独少一人者，又有幸不幸之分矣，尚能骄我以天伦之乐，而朝暮肆力于诗乎？

夫以始终奉母一节，已当附于王阳孝子之列，可传于后，而况其诗之清真高迈，掩映今古，又自有其可传者欤？因不移晷而为之序，盖借先生之幸序予之不幸耳。

李渔此时，经济相当困迫，曾向京城的故人求助。《上都门故人述旧状书》云："孰意抵杭数日，即卧病不起。一人不起，众命皆悬。仲春至季秋，凡八阅月，死而生、生而复死者不知凡几。口授儿辈，使作书与辇下故人，为永诀之词者，几数十百函，及今犹在。必不料至此时此日，犹在人间作三上相书之韩愈也。乃今躯壳尚存，血肉何在。虽有数椽之屋，修葺未终。遽尔释手，日在风雨之下，夜居盗贼之间，寐无堪宿之床，坐乏可凭之几，甚至税釜以炊，借碗而食。嗟乎伤哉，李子之穷，遂至此乎！……切思辇毂之下，尽有贵交。当今之世，若望一人一手拯此艰危，此必不得之数也。众擎易举，但求一二有心人，顺风一呼，各助以力，则湖上笠翁尚不即死，俾从前已著之书，赎出梨枣，仍为己有，其已脱稿而梓之未竟，与未成书而腹稿尚存者，乘其有手，急使编摩，则尚有一二种可阅之书新人耳目。否则此书一函，竟为笠翁之绝笔矣。"友人丁泰岩曾赠钱给李渔让他过年，并赠诗慰问："曾忆京华对绮筵，韶光荏苒几经年。春来游屐偏相失，岁暮音书岂浪降。谈笑近应推白社，才名遥可继青莲。好书堆案樽盈酒，何串忧贫意惘然。"

除夕那天，李渔赠友人程蕉鹿对联一副，以代桃符。联曰："世间桃李，尽出公门，何须腊尽始芳菲，满眼无非春色；天下鱼龙，尽归学海，不待时来方变化，启口即是雷声。"

康熙十七年（1678）春，层园建成。李渔在《次韵和张壶阳观察题层园十首》序中写道："予自金陵归湖上，买山而隐，字曰层园，因其由麓至巅，不知历几十级也。乃荒山虽得，庐舍全无。戊午之春，始修颓屋数椽，由蓬蒿枳棘中，辟出迂径一二曲，乃斯园之最下一层。苦其房栊湫隘，珠履难容，未敢使嘉宾一入也。乃观察张壶阳先生突然而至，坐而悦之。既去，作唐人近体十律，书大幅见贻，备述湖山登览之胜，且有'奇福难消妒未平'之句。予读而滋愧。先生第知名山之乐，未悉贫士居山之苦。予谓'泌之洋洋，可以乐饥'之诗，当与'尽信书，不如无书'之语并读，使饥尽可乐，则孤竹君之二子至今犹在首阳山矣。苟念及此，将怜之不暇，忍妒之哉？然就地论人，则居然似可乐者；予亦不敢因人之短，而没此山之长。次韵十诗，苦乐相半，盖人负地，地实无负于人也。"通过这十首诗，我们大概可以了解当年李渔开辟层园的情况：此园面对西湖，在层园眺望，可以看到上、中、下三天竺和湖心亭，可以随时去苏堤游览，可以整天欣赏"水光潋滟晴方好，山色空濛雨亦奇"的西子湖。可惜的是，由于财力不足，只开辟了第一层，"地旷足容千百骑，轩微恰受两三朋"。即使是这样，他也优哉游哉，乐在其中了。"老步原难放足行，杖藜缓款适闲情。饥寻野菜聊充粟，醉听池蛙亦洗醒。""似客两峰当面坐，照人一水隔帘清。种瓜还喜留馀地，得暇挥锄学邵平。""云霞尽可须臾致，松菊还须渐次增。只患穷愁人易老，危栏知得几年凭。""开窗时与古人逢，岂止阴晴别淡浓？堤上东坡才锦绣，湖中西子面芙蓉。""才教细柳开眉锁，又叱新篁解箨龙。莫旺虬枝遮远目，殷勤嘱语大夫松。""目游果不异身游，顷刻千峰任去留。云里霹开三净土（原注：上中下三天竺），镜中点破二沧洲（原注：湖心亭放生池）。爱亲歌舞花难谢，喜载楼船水不流（原注：西湖系止水）。"他以贫困贷粟的庄子、狂爱行歌的接舆自比。

又有词《风入松·自题湖上新居寄四方同调六首》(题下自注：杭城井水咸而浊，惟予新居之侧有井曰郭璞圣井，与泉无异)。词曰：

从前虚负自题名，湖上笠翁称。笠翁今果来湖上，纶竿具足慰生平。郭璞井边饭甑，虎跑泉上茶铛。　楼船箫鼓日纵横，似为耀门庭。主人不喜翻憎闹，常扪耳自避歌声。止得黄鹂不厌，有时不语挑鸣。

六桥全设酒杯前，迟客作华筵。侑觞莫道无箫鼓，楼船过复有楼船。与客纵听歌舞，有人代出金钱。　只愁多费薛涛笺，触手尽佳篇。西园曲水名千古，咏游处少此天然。只愧孟尝贫煞，致令客散三千。

孤山处士少邻家，添我种梅花。一年几树红兼白，三载后茅屋全遮。止许故人载酒，不令显者停车。　还留馀地种桑麻，止戒邵平瓜。家贫最苦多儿女，未经熟早已呼爷。不使口中饕餮，难禁耳际喧哗。

纶竿书卷一齐抛，尽日枕诗瓢。贪贫愈懒忘生计，三餐粥饱后准消。西子湖头濯足，东坡堤畔伸腰。　寻芳无日不花朝，红紫论肩挑。桃李虽经戕伐尽，山深处野卉偏饶。四季兰边踯躅，万年松上凌霄。

身慵无力鼓轻桡，一叶任风飘。青帘遇着随沽酒，霜林岸落叶堪烧。不必多携饮伴，二三白发渔樵。　归来蓬户不须敲，有犬吠林皋。山童自识开门待，左接杖右接诗瓢。一枕生涯已足，三餐活计全消。

贫而能乐，诙谐风趣，足以表现笠翁情怀。余澹心评论说：“非大福人，那得享此大福。即此六词，已让笠翁早证仙果。”

这年春天，李渔的病情仍然很重，但他在病中仍为徐治公《香草亭》作序写评。《香草亭传奇序》曰：

岁丁巳，自春徂冬，湖上翁善病不起，刀圭罔效，入冥疆而复出者三。因索验方于古人，取枚乘《七发》暨陈琳愈头风檄，辗转读之，疾且愈甚。古语真欺人哉！

迨戊午春，朱子修龄持镜曲化农双鲤，并所撰《香草亭》填词，索予言弁首以问世。予病中得故人书，甚喜，然操觚染翰，岂病者事乎？剖缄读之，则非书非词，乃方与药也，合《本草》一大部，锻炼成书。欲起死人而活之，先活草木金石之腐且朽者，如刘寄奴、桑寄生之属，尽使着优孟衣冠，歌舞笑啼于纸上。以活药药死人，未有不霍然起者。读未竟而病退十舍。因叹镜曲化农为异人，岂知湖上翁有填词癖，故特以酒解酲，抑无意为之，而我适逢其会耶？若是，则折股知医，操觚染翰，诚予病者事也。

从来游戏神通，尽出文人之手，或寄情草木，或托兴昆虫，无口而使之言，无知识、情欲而使之悲欢离合，总以极文情之变，而使我胸中磊块唾出殆尽而后已。

然卜其可传与否，则在三事：曰情，曰文，曰有裨风教。情事不奇不传；文词不警拔不传；情文俱备，而不轨乎正道，无益于劝惩，使观者、听者哑然一笑而遂已者，亦终不传。是词幻无情为有情，既出寻常视听之外，又在人情物理之中，奇莫奇于此矣。而词华之美，音节之谐，与予昔著《闲情偶寄》一书所论填词意义，鲜不合辙，有非“警拔”二字足以概其长者。三美俱擅，词家之能事毕矣。《香草亭》一出，《拜月》、《牡丹》二亭不忧鼎之缺一足矣。

序成而寄语化农：予病则赖子以瘳，然病根尚未拔也。病根由贫，子能再以钟离一指善其后乎？吾知镜曲化农之术，不能仁乎此矣。

李渔居然认为《香草亭》剧本是治愈他重病的《本草》，由此可见李渔对戏剧的喜爱。

徐冶公，名沁，又名炼、永浣、埜公、若耶野老、委羽山人、镜曲化农。浙江余姚人。性豪爽，喜结交大官以成名，曾入河道总督朱梅麓幕，为撰《河防疏略》。李邺园总督浙闽时亦多赞画。博通经史，善考证。晚年退居耶溪，著书野水堂。1683年卒。著有《秋水堂稿》、《谢皋羽年谱》、《越书小篆》、《墨苑志》、《明画录》、《三晋纪行》、《楚游录》。亦能写剧本，有《曲波园传奇》，即包含《香草亭》等在内。康熙十六年（1677）李渔在杭州有《与徐冶公二札》：

当世才人，有如星密；文字之富，家拟石崇。若止论传奇一道，则冶公与弟二人之外，不能再屈第三指矣。同调之难若此，则我两人之相爱相怜，当有什百于恒情者。奈何室迩人遐，弟为饥驱而走四方，吾兄又为智远才高，每为达人显者秘之帏幄。金陵把臂以后，只于前岁之夏，一晤于大人先生之席中；次年复至，则求风动帐开，再晤捉刀人而不得矣！人生几何，堪此辽隔；千秋大业，得共商于何日哉？迩闻驾旋锦里，鳞羽至便，岂得以一江隔之？是以敬附八行，写我契阔。

十年不得故人书，一旦飞来天上，雨金雨粟之奇，不是过矣。再读《香草吟》妙剧，钧天之音，又复随风而下，愉快之极，不免大费叵罗。弁言之委，不敢方命，已大秽佛头矣，但此剧命名之第三字，犹未尽善。盖"吟"、"草"、"集"三字，皆迩来诗刻之通称。他日悬之国门，人皆谬认为诗草。今人喜读闲书，购新剧者十人而九；名人诗集，问者寥寥。此段姻缘始于香草亭上，不若竟易"亭"字，与《拜月》、《牡丹》鼎足而峙，谁曰不宜？尊函未到之先，曾勒数行寄候。

未见齿及，岂听沉者自沉耶？

李渔将徐冶公认为是写剧本的同道，并认为在当时，写剧本再没有第三人能胜过他俩，又建议为他修改剧本的名称，由此可见二人志趣之相投，关系之未同一般了！

立秋那天，李渔为自己的《笠翁别集》撰写了一篇《弁言》，说明他写这部史论的用意。《弁言》说：

子舆氏曰："尽信《书》，则不如无《书》。"旨哉斯言！是书之不可信也，三代已然，矧秦汉以后者乎？窃怪今人读书与听言者，人与之言极可信者亦疑之；读古人书，听人论古事，有迹涉荒唐、情背谬于义理、不能取信于五尺之童者，而老生宿儒，皆推心置腹，信之不已。予独谓《二十一史》，大半皆传疑之书也。

子舆氏又曰："吾于《武成》，取二三策而已矣。"《武成》犹然，则吾党读书，欲求二三策可信者于《武成》之后，其可得乎？奈何世人尽为汗竹所欺，令子舆氏窃笑地下。

信史犹可言也，其信论史之人，犹过于信作史者。论史者谁？宋儒是矣。彼以为是，群然许之；彼以为非，设有稍加恕词者，则群起而攻其谬矣。是何以故？

盖宋儒非他，皆工于信史者也。彼信而我信之，犹矮人笑长人之笑，长人又笑场上之笑耳，乌知信以传信者之为讹以传讹乎？凡此皆读书太繁，书为祟于腹中，而聪明反为所障；犹人伤食而反恶食，甘苦咸淡，自莫能辨，反不若枵腹者之善尝五味也。

腹内无一卷书，而能料古人之成败、识已事之是非者，石勒之论《汉书》是已。予少也贫，无书可读，即借人书读。读过辄忘，不能强记一字。然当其读时，偏喜予夺前人，曲直往事；其所论议，大约合于宋人者少，而相为掎角者众。向为坊人固请行世，已刊《笠翁论古》一书，簸糠秕于世者久矣。兹择其可充米屑者，约略数卷，载入集中。观者至此，亦如听石勒论《汉书》，壮其胆，佳其知识，则可也。若谓腹中有书，洞彻千古，而后能为是论，则冤哉古人，实未尝在此子腹中宿一夜而留半刻也。

时康熙戊午立秋日，湖上李渔自序。

王仕云为此书撰了一篇《叙》，全文如下：

域中三大权，曰天，曰王，曰史。福善祸淫，非天不公；黜幽陟明，非王不肃；知人论世，非史不传。史也者，取古人之已事而是其所非、非其所是。古人往矣，心之渺忽不可知，口不能言，且无其口，一听后人之颠倒而莫之辩。甚且黄衣、虞楚之流，凿空别构其端，以立于正史之外。既无只眼看破古人处事之难，又无良心吹索前人之案，至使啖名之客，若元之遗赂而购张说之词，文皇现形而嘱涑水之笔，意良苦已。揭傒斯所谓知史而心术正者乃可与论断，然则作文固难，论史良不易也。

李子笠翁，博物洽闻。其于二十一史，靡不根盘节解，条入叶贯。间取其源流同异而以意断之，有翻案，有定案，不执己见，不依人墙宇，不立非非之堂，不矜察察之照，而究归于理之所然、心之所安而止。余谓夫人势焰歘歘，过眼云散鸟没不足道，所不朽者名而已。然而一篇好文字送归地下，无人无之，及乎丰碑既仆，挨挡互生，门祚衰微，疮痏互见。以此观之，名亦安可保？所恃惟公论在天壤，此心同也，此理同也。

余小子赋命陋劣，无宋子京、欧永叔禄相，不敢妄试于左盲迁辱。三十年来，每有论断，辄焚弃之，而独折服于笠翁之论古。每遇一轶事，掩卷思之，心量手追，十可得八九，谓非此心此理之同欤？论古如断狱。断狱失出失入，朝廷有王法；论古失是失非，彼苍岂无天理？苟如学人操三寸不律，洋洋浮浮，批判先觉，肆手影撰，述沿瞽袭，言言皆郢书燕说也，引绳批根，事事皆斧声烛影也。自恃为王法天理所不及，亦思以后人而断论古人，古人不能辞，以天而论论史之人，断断史之人，斯人亦安所避？王法严，天理更严。韩先生一生不承当，彼自有说，论史者尚慎旃哉！

有笠翁之论断，可以持国是，可以正人心，可以誉千秋而权万古。是编也，虽与日月争光可也。

康熙三年上巳后三日江南过客王仕云撰。

此时李渔正将出版《一家言》二集。丁澎作《笠翁诗集序》。

中秋前十日，李渔作《耐歌词自序》。

在此期间，李渔出版了《名词选胜》。《名词选胜》是李渔晚年对词学的重要贡献，是全面研究李渔不可缺少之重要著作，可惜后来亡佚，今人已无缘见到此书。

李渔赞扬朱修龄倡义鸠资救济难民，作《朱子修龄倡义鸠资赎难民妻女纪略》，文中写道："甲寅、乙卯间，八闽既叛，江浙骚然。稍迩贼氛之子女，尽为所掠。迨官兵一出，捣穴焚巢，贼众非死即逃。所掠子女，又为官兵所获。斯时玉石混淆……罹难之民，欲诣行间识认者，皆慑于兵威，莫敢向迩。……是以夫觅其妻而弗得，子赎其母而未能者，日号咷躃踊于道路之间。……予友朱子修龄……睹此流离，婆心顿发，竟以莫可如何之事，毅然自任……遍告于缙绅先生之当路者……请代诸公拯溺救焚……朱子有才而尚未见用，是穷也，非达也，乃能不辞艰险，见义即为，以独善其身之时，而为兼善天下之事，岂非士林之豪杰，当世之仁人也哉！"

康熙十八年（1679），李渔在杭州，一病经年，不能出游。为《千古奇闻》作序。此书是李渔删定陈伯峰所辑《女史》而成。原给女儿辈阅读，后公之于世。序曰："世人但知千古来忠孝节义，奇奇怪怪之事，尽从须眉男子做出，遂将巾帼中淑人懿行略而勿讲，讵非天壤间一大缺陷事哉，然遇盘根错节，其愚忠愚孝间，有男子所不能者，妇人往往能之，宁可以巾帼者流，略而勿讲耶？"

冬至那天，作《芥子园画传序》。此画传系王安节整理增编，李渔发现后感到很有出版价值，即命其婿沈心友付梓。但当此书问世之日，李渔已经去世。

十二月，为毛声山评《四大奇书第一种》（《三国志演义》)作序,序曰:"昔彝州先生有宇宙四大奇书之目,曰《史记》也,《南华》也,《水浒》与《西厢》也。冯犹龙亦有四大奇书之目,曰《三国》也,《水浒》也,《西游》与《金瓶梅》也。两人之论各异。愚谓书之奇当从其类,《水浒》在小说家,与经史不类,《西厢》系词曲,与小说又不类。今将从其类以配其奇,则冯说为近是。然野史类多凿空,易于逞长,若《三国演义》则据实指陈,非属臆造,堪与经史相表里。由是观之,奇又莫奇于《三国》矣。"

康熙十九年(1680) 正月十三日,李渔病逝,葬于杭州方家峪外莲花峰,九曜山之阳。钱塘县令梁冶湄题其碣曰:"湖上笠翁之墓,弟梁允植立。"梁冶湄作《哭笠翁》七绝四首:

廿年风雨赋嘤鸣,一夕分飞变羽声。
未过君门肠已断,湖山烟树不胜情。

忆昔秦川汗漫游,春风郭李附仙舟。
至今不复瞻元礼,落丹鸡坛无限愁。

君才合是谪仙人,囊括烟霞数十春。
鹤影莫遗华表恨?青莲原是悟前身。

总怅空庭锁寂寥,孤儿雪夜泣风潮。
伤心此道真如土,千载何人续孝标?

乾隆三十一年(1766),夏李村李氏修谱,李渔侄孙春芳、泰生携谱前往杭州访其墓,见穴场塌陷,爰加修葺,并刊碑记。后墓圮,嘉庆十二年(1807)三月二十七日,仁和孝廉赵坦(宽夫)命守冢人沈得昭修筑之,复树故碣,且俾为券藏于家,坦作《书李笠翁墓券后》纪事,曰:"笠翁豪放士,非坦所敢慕。特以其才有过人者,一抔克保,庶可无憾。”（载《保甓斋文录》卷三）与赵坦同时的宋咸熙作四绝诗云：

筑室吴山最上头，即看餔啜亦风流。
层园名士如云散，树碣荒阡仗邑侯。

移将故碣委荆榛，赚得豪家卜兆频。
九曜山南十弓地，谁知此处葬诗人。

才人赋命多穷薄，荒冢平来亦可怜。
身后沧桑总难料，更谁重办买山钱？

置人守冢计周详，更俾亲书券数行。
从此一抔长可保，不愁枉费束脩羊。

李渔的戏剧创作成就

李渔一生所作剧本，据他在《闲情偶寄·词曲部》中所说，共十六种："自手所填诸曲，如已经行世之前后八种及已填未刻之内外八种。"但芥子园书铺只刻印了《笠翁十种曲》，即《怜香伴》、《风筝误》、《意中缘》、《蜃中楼》、《奈何天》、《玉搔头》、《比目鱼》、《凰求凤》、《巧团圆》、《慎鸾交》。而王国维《曲录》却录了十六种，除上述十种外，还有《偷甲记》、《四元记》、《双锤记》、《鱼篮记》、《万全记》、《万年欢》六种。其中前五种在浙江古籍出版社1992年10月版的《李渔全集》中，则被收入"笠翁阅定传奇八种"之内，只是李渔"阅定"，未将著作权归属李渔，这是一个疑案，须进一步深入考证研究。

李渔的剧作，在当时就享有盛誉。《毗梨耶室杂记》说："笠翁词曲有盛名于清初，十曲初出，纸贵一时。"《风筝误》朴斋主人批注说："从来杂剧未有如此好看者，无怪甫经脱稿，即传遍域中。"

李渔所作剧本，大多是喜剧。喜剧的最大特征，是在真实的基础上大力夸张，从而令人发笑。莫里哀说："喜剧创作，难就难在凭想象追求奇异而又不违反真实，使得一本正经的人看了也会发笑。”（伍蠡甫《西方文论选》上卷）李渔正做到了这一点。李渔在《风筝误》的收场诗中写道：

传奇原为消愁设，费尽杖头歌一阕。
何事将钱买哭声，反令变喜成悲咽？
惟我填词不卖愁，一夫不笑是吾忧。
举世尽成弥勒佛，度人秃笔始堪投！

但李渔的剧作，绝不仅仅是令人发噱的消遣品，而是在嬉笑诙谐之中，包含着深刻的寓意。李渔在《香草亭传奇序》中说：“然卜其可传与否，则在三事：曰情，曰文，曰有裨风教。情事不奇不传；文词不警拔不传；情文俱备，而不轨乎正道，无益于劝惩，使观者、听者哑然一笑而遂已者，亦终不传。”垒庵居士在《蜃中楼》总评中说：“吾知笠翁泚笔时，惨淡经营，实有一段披瞽振聋之意郁勃欲出，不仅嘲风弄月，欲颉颃于马（致远）、关（汉卿）已也！”

李渔的剧作，题材丰富，取自现实，具有较强的针对性。首先，李渔在描写青年男女爱情婚姻的题材中，张扬了婚姻自主的民主意识。《蜃中楼》写龙女舜华与书生柳毅一见钟情，龙王逼她嫁给泾河龙王有白痴病的儿子，她坚决不从，即使被放逐到泾河边牧羊、受尽苦难的折磨也决不后悔。《比目鱼》写刘藐姑坚决反对贪财的母亲要将她嫁给富翁的决定，最后与情人谭楚玉双双抱石沉江变成比目鱼的故事。

其次，李渔通过幽默诙谐的笔墨，揭露了社会上的种种黑暗与腐朽。《意中缘》表现了杭州女画师杨云友与大书画家董其昌的爱情纠葛，也反映了当时如杨云友这样的下层女性受高利贷盘剥、受恶棍流氓欺凌、受王孙公子士大夫玩弄的社会现实。剧中，杨云友通过【北沽美酒带太平令】的唱辞，将那些依仗官势欺凌弱小者的士大夫痛骂了一番：

休得要倚官尊，自逞豪，持金多，忒放刁，须知富贵难将贫贱骄。况不是榜题名御赐袍，不过是挂虚衔的荐绅名号，写灯笼马前高照，刻封皮人前炫耀。吓乡民隐约虎豹，骗妻孥居然当道。你道这乌纱是铜包铁包呀，只恐怕来时也与俺不差多少！

又如在《巧团圆》中，揭露乱军掳掠妇女将其变卖充当饷银的罪行："把这些妇人，不论老少美恶，都用布袋盛了，就像腌鱼腊肉一般，每一个妇人装成一袋，只论轻重，不论好丑，随那来人自取。"李渔还通过剧中人物之口，用揶揄的口气说："这是从古以来，第一桩公平交易！"

复次，李渔还在他的剧作中，揭露了科举制度的种种弊端：一是用行贿手段颠倒考核评语。在《怜香伴》中，地痞恶少周公梦酗酒、嫖娼、赌博，无恶不作，却因行贿而岁考评语竟为"优行"；而文行俱优的范介夫，因小人中伤，岁考评语则为"劣行"。完全颠倒了黑白，混淆了是非。二是考试时的种种作弊行为。不学无术的周公梦，把别人的好文章割下凑入自己试卷而高中，还聒不知耻地说什么"我替别人当举子，别人替我做文章"。但在会试中他却由于不能行贿而露了馅，塞在肛门中的夹带物被搜了出来，不仅当场被打了五十大板，还被枷号示众。

最后，李渔的喜剧常常以嬉笑的形式，来达到怒骂的目的。如在《风筝误》中通过写韩世勋因风筝而造成婚姻中的种种误会与巧合，痛斥了当时社会上冒名顶替、以假乱真等不良现象。《奈何天》则通过荒诞的情节来揭露"有钱能使鬼推磨"的社会现象：剧中主人翁阙素封面貌特别丑陋而又身多残疾，但他一生却娶了三个绝色女子，后来由于做了好事，上帝竟将他变成了美貌男子。李渔在剧中特别突出地指出，因为他有钱。剧中揭露道："自古道财旺生官，只要拼得银子，贵也是图得来的，只要做些积德的事，钱神更比魁神验，乌纱可使黄金变。"言外之意非常清楚。李渔在剧中，还常常利用净、丑等角色的插科打诨来冷嘲热讽。例如《奈何天·形变》中有这样一段台词：

如今世上，尽有那一介贫儒，看他的形容举止，寒酸不过，竟与乞丐一般；一旦飞黄腾达，做起仕宦来，不但居移气，养移体，那种气概与当初不同，就是骨格肌肤，也绝不是本来面目。这还说是做官的人比凡民不同，另有一种福分。又有那小则千金，大则万贯的财主，未曾发迹的时节，原与穷人一般猥猥獕獕，不见一些好处；及至时运一交，钱财到手，不但器宇轩昂，连身上的肌肉都肥胖起来。

这种插科打诨式的嘲讽比正面揭露更觉有力，而这恰恰是李渔最拿手的！

总之，李渔的喜剧，具有既夸张又自然、既多误会巧合又真实可信以及情节结构的完整统一、故事发展的腾挪变化、制作手法的细针密线、唱曲台词的通俗生动等特色，清代的戏剧评论家杨恩寿曾对此作了极高的评价："究其位置角色之工，开阖排场之妙，科白打诨之宛转入神，不独时贤罕其颉颃，即元明人亦所不及，宜其享重名也！"（《词馀丛话》卷二）

李渔不仅自己创作剧本，还改编已在社会上流行的名剧，以便使演出的效果更佳。李渔有五古诗题曰《予改〈琵琶〉、〈明珠〉、〈南西厢〉诸旧剧，变陈为新，兼正其失，同人观之，多蒙见许，因呈以诗，所云为知者道也》，他能"变陈为新，兼正其失"，并获得同人的赞许，可见其改编水平之高。他的改编原则是"缩长为短"、"变旧成新"（见《闲情偶寄·演习部·选剧第一》）。明清以来，评改小说戏剧蔚然成风，后人汇刻《万全记》、《十醋记》、《偷甲记》、《双锤记》、《鱼篮记》、《四元记》、《双瑞记》、《补天记》八种剧本，将其定名为《湖上李笠翁先生阅定绣刻传奇八种》，那就是肯定了李渔在这八种剧本的写作、编定过程中作出的贡献。由此更可见李渔笔耕之勤。

李渔不仅写戏、编戏，还亲自当导演，并精于导演。他认为导演首选要选好剧本，他在《闲情偶寄·演习部·选剧第一》中说：

吾论演习之工而首重选剧者，诚恐剧本不佳，则主人之心血，歌者之精神，皆施于无用之地。使观者口虽赞叹，心实咨嗟，何如择术务精，使人心口皆羡之为得也。

而剧本必须符合人情：

予谓传奇无冷热，只怕不合人情。如其离合悲欢，皆为人情所必至，能使人哭，能使人笑，能使人怒发冲冠，能使人惊魂欲绝，即使鼓板不动，场上寂然，而观者叫绝之声，反能震天动地。

剧本选好以后，必须挑选好演员，并加以精心培养，训练演员的基本功，即矫正方言，训练形态动作，识字读书，练唱古本。进入排练时要让演员了解剧情，进入角色，不仅要重视唱曲训练，也要重视台白训练。李渔就是这样培养乔、王二姬的。

李渔不仅亲自编写剧本，亲自当导演，还亲自组建家庭戏剧班子，到处巡回演出。李渔真可称得上是一位全能的戏剧大师！

李渔的家庭戏剧班子的组建过程大概是这样的：康熙五年（1666），李渔到达平阳，由于李渔这次出行只带了一名女演员，没有侍妾，于是平阳知府程质夫出钱买了一个十三岁的女孩子赠送给李渔，这就是乔姬，因为没有名字，大家称她为“晋姊”。当时，李渔刚创作不久的《凰求凤》，已经传到三千里之外的平阳。于是官员让当地演员演出此剧来款待李渔，乔姬在帘后偷看偷听，悟性惊人，居然浅浅一过，就能深解剧情，并唱出曲词。李渔惊喜之极，雇当地旧肃王府一金阊老优教乔姬学习唱戏。

李渔在《乔复生王再来二姬合传》中写道：“乔王二姬，

生前无名，皆呼曰姊。乔，晋人，即名晋姊；王，兰州人，即名兰姊。既曰无名，则何以有复生、再来之号？曰死后追忆，不忍叱其小字，故为是称。一则冀其复生，一则喜其再来，皆不忍死之之词。犹宋玉之作《招魂》，明知魂不可招，招以自鸣其哀耳。……（乔姬）谓予曰：‘歌非难事，但苦不得其传；使得一人指南，则场上之音，不足效也。’予笑曰：‘难矣哉！未习词曲，先正语言，汝方音不改，其何能曲？’对曰：‘是不难，请以半月为期，尽改前音而合主人之口，如其不然，请计字行罚。’予大悦。随行婢仆皆南人，众音嘈嘈，我方病若楚咻，彼则恃为齐人之傅，果如期而尽改，俨然一吴

《奈何天》插图

依矣。事之不期然而然者，往往不一而足。此时身已入秦，秦俗质朴，焉得授歌之人？适有一金阊老优，年七十许，旧肃王府供奉人也。失主无归，流落此地，因招致焉。始授一曲，名《一江风》。师先自度使听，复生低徊之久，谓予曰：'此曲似经过耳，听之如遇故人，可怪也。'予曰：'汝未尝多听曲，焉得故人而遇之？'复生追忆良久，悟曰：'是已，是已，前所观《凰求凤》剧中，吕哉生初访许姬，且行且唱者，即是曲也。'予不觉目瞪口吃，奇奇不已，谓师曰：'此异人也，当善导之。'于是师歌亦歌，师阕亦阕，如是者三，复生曰：'此后不烦师导矣。'竟自歌之。师大骇，谓予曰：'此天上人也！予授曲三十年，阅徒多矣。数十遍而微知大意者，慧人也；中人以下之资，数百遍尚难释口，不待痛惩切责，未能合拍。乃今若此，果天授，非人力也。'斯言近实而未验，乃不三日，而愚智判然矣。因当日随来旧姬与之同学，均一曲也，人一能之，己百之，犹不免于痛惩切责，以是知师言不谬，而此女洵非人间物也。由是日就月将，无生不熟，数旬以后，师谓青出于蓝，我当师汝矣。客有求听者，以罘罳（屏风）隔之，无不食肉忘味。……未至兰州，地主知予有登徒之好，有先购其人以待者，到即受之，不止再来一人，而再来其翘楚也。始至之日，即授以歌，向以师为师，而今则以复生师之矣，复生之奇再来，犹师之奇复生，赞不去口，而且乐形于色。谓：'而今而后，我始得为偕凰之凤、合埙之篪矣，以若为生而我充旦，其馀脚色，则有诸姊妹在。此后主人撰曲，勿使诸优浪传，秘之门内也。'时诸姬数人，亦皆勇于从事，予有不能自主之势，听其欲为而已，岁时伏腊，月夕花晨，与予夫妇及儿女诞日，即一樽二簋，亦必奏乐于前；宾之嘉者，友之韵者，亲戚乡邻之不甚迂者，亦未尝秘不使观。如金陵之方邵村侍御、何省斋太史、周栎园宪副，武林之顾且庵直指、沈乔瞻文学，皆熟谙宫商，殚心词学，所称当代周郎也，莫不以小蛮、樊素目之，他可知已。予于自撰新词之外，复取当时旧曲，化陈为新，俾场上规模，瞿然一变。初改之时，微授以意，不数言而辄了；朝脱稿，暮登场，其舞态歌容，能使当日神情，活现氍毹之上。如《明珠·煎茶》、《琵琶·剪发》诸剧，人皆谓旷代奇观。”

纳王姬是在康熙六年（1667），大家称她为“兰姊”。

李渔的家庭戏剧班子，自从有了这两位出色的演员以后，在此后的六七年中，走遍了大江南北大半个中国。所到之处主要是演出李渔自己创作的喜剧，有时也演出经过李渔改编的其他剧本。每到一处演出时，都受到热烈的欢迎。李渔也靠了这个家庭戏剧班子，得到各地官员丰厚的馈赠，藉此维持家庭庞大的支出（当时李渔家中共有四十多口人）。

康熙七年（1668）正月初一，李渔带着家庭戏剧班子在徐州。当地官员李申玉的妻子生日，李渔写一副寿联祝贺。他在序中提到：“是日称觞，即令家姬试演新剧。”这是关于李渔的家庭昆剧班子演出的最早记载。所演新剧，很可能就是此前刚脱稿的《巧团圆》。自从李渔得到乔、王二位天才演员后，这个家庭昆剧班子成立不满一年，便已正式面向社会，登台演出，他的编剧、导演的功力，由此可见一斑。

《巧团圆》写的是“亲父子依然完聚，归翁婿好事重修”（见第一出）的故事，用来祝贺生日极为应景。樗道人为《巧团圆》作序，写道：“笠翁之著述愈出而愈奇，笠翁之心思愈变而愈巧。读至《巧团圆》一剧，而事之奇观止矣，文章之巧亦观止矣。笔笔性灵，言言精髓。吐人不能吐之句，用人不敢用之字，摹人欲摹而摹不出之情，绘人争绘而绘不工之态状。”

康熙十年（1671）在苏州，李渔与尤侗、余怀、宋澹仙诸友观摩戏剧。

尤侗《闲情偶寄序》曰：“（笠翁）薄游吴市，集名优数辈，度其梨园法曲。红弦翠袖，烛影参差，望者疑为神仙中

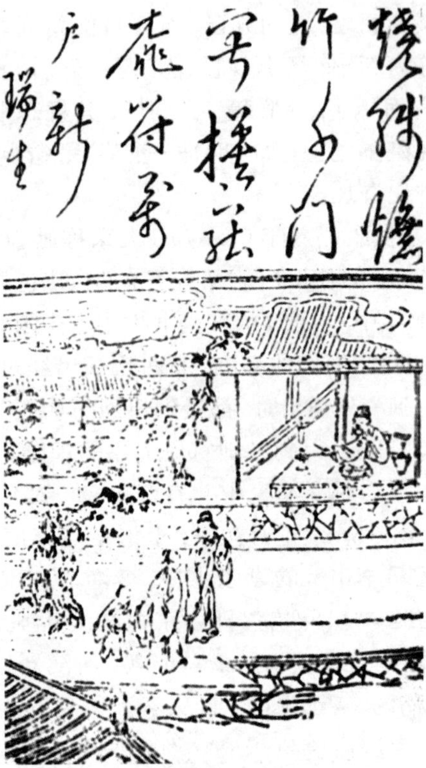

《蜃中楼》插图

人。”这种观摩，既有聚集同道互相切磋以期相互提高的用意，也有让家乐班子的演员开拓视野、提高技艺的期望，可见李渔对戏剧事业的重视。

李渔有《端阳前五日，尤展成、余澹心、宋澹仙诸子集姑苏寓中观小鬟演剧，澹心首倡八绝，依韵和之》，记录了这天晚上演出李渔改编的《明珠记·煎茶》的盛况。第六首写道：“更衣正待演无双，报道新曦映绿窗。佳兴未阑憎夜短，教人饮恨扑残釭。”竟然通宵达旦，可见其兴致之高，趣味之浓。又有七绝《端阳后七日，诸君子重集寓斋，备观新剧，澹心又叠前韵，即席和之》，题下记“是日澹心亦携幼童三人至，亦奏新歌”。可见李渔的家庭昆剧班子不仅演李渔所创作的剧本，也演他所改编的流行剧本。

此外，李渔有词《王长安席上观女乐》(观演《牡丹亭》)：

此曲只应天上有，今日创来人世。听有馀音，看有馀妍，演处却全无意。当年作者来场上，描写出，毫端笔底。虽爱饮，只愁忽略，不教沉醉。　我亦逢场作戏，叹院本虽多，歌声尽沸。曲止闻声，态不摹情，但使终场而已。焉能他日尽如斯，俾逝者常留生气。借君酒，权代古人收泪。

赞赏王长安的女乐演得好，“听有馀音，看有馀妍”，批评世俗的演出唱得不好，演得没有感情，“曲止闻声，态不摹情，但使终场而已”。

又有《二郎神慢·和尤悔庵观家姬演剧，次原韵，时寓姑苏之百花巷》：

百花巷，虽隘小，高车时降。喜同调嘉宾无尔我，相对处旅怀增放。主不识羞姬忘丑，曲有误，人前争唱。周郎好，明知不顾，越引得歌声飘飏。　惆怅，今宵容隐，难逃日上。怕到处逢人开笑口，亲见无盐劣相。好色登徒今若此，叹目睹何如想像。听此等歌声，不若酣眠梅花纸帐。

康熙十一年(1672)新春，吴冠五、周栎园(亮工)、方楼冈、方邵村、何省斋聚芥子园观诸姬演剧。

李渔有七绝题曰《堵天柱、熊荀叔、熊元献、李仁熟四君子携酒过寓，观小鬟演剧，元献赠诗四绝，倚韵和之》。其一曰：“试问周郎曲若何？燕姬赵女复秦娥。为听字里方音别，才晓人间辙迹多。”李渔颇以正音有方自豪。

李渔又有五古诗题曰《予改〈琵琶〉、〈明珠〉、〈南西厢〉诸旧剧，变陈为新，兼正其失，同人观之，多蒙见许，因呈以诗，所云为知者道也》，诗中写道：“一一施针砭，启我地下聋”，颇以能纠正前人剧中的失误而自豪。

康熙十一年(1672),乔姬病故。

李渔作七律《断肠诗二十首哭亡姬乔氏》,他在序言中说:“人谓悼亡诗至二十律,无乃过繁。予犹苦其韵短情长,不足舒悲痛牢骚之万一也!”所以他又在《踏莎行·楚归江上悼亡姬》中写道:“一派愁江,两条愁岸,合来才勾伤心半。去时舟即此时舟,可怜失却归湖伴。　红蓼滩头,白蘋沙畔,当时好景谁同玩。一声玉笛楚江风,将身吹作梅花瓣。”开头两句,用“愁”字来形容“江”和“岸”,真是铺天盖地都是愁啊!李渔对这位杰出的昆剧演员和亲密的生活伴侣逝去的痛惜,真是跃然于纸上啊!

康熙十二年(1763)初夏,李渔挂帆北上,再次作京师之游。此番出游,仅王、黄二姬随行,可见家庭昆剧班子业已受挫。谁料在途中王姬又病故。李渔又写了《后断肠诗十首》痛悼。其一曰:“肠断于今甫一年,那堪随续断肠篇?夜台有伴生人独,年少都亡老命悬。只道泪干无可泣,谁防情至又如泉。书生福薄宜如此,红粉何辜冒死冤!”真是惨晶泣血、痛不欲生啊!

李渔家庭戏剧班子这两大台柱折断后,李渔有关演剧的记载就绝迹了,大概这个轰动了六七年的家庭昆剧班子也就自然烟销云散,这不仅是李渔的终生遗憾,也是中国戏剧史上的一大遗憾!

李渔的小说创作成就

李渔的小说，《无声戏》、《连城璧》中去掉交叉重复的部分，共十八篇，再加上《十二楼》的十二篇，共有短篇小说三十篇。李渔还有长篇小说一种，名《合锦回文传》。至于《肉蒲团》，有学者认为也是李渔所作，但没有成为定论，故存而不谈。

李渔对小说创作非常重视，钟离睿水曾在《合锦回文传序》中记载李渔对小说的看法："道人（序文称李渔为'笠道人'）尝语余云：'吾于诗文非不究心，而得志愉快，终不敢以小说为末技。'"钟离睿水接着说："嗟乎！诗文之名诚美矣，顾今之为诗文者，岂诗文哉？是曾不若吹篪蹴鞠，而可以傲入神之艺乎！吾谓与其以诗文造业，何如以小说造福；与其以诗文贻笑，何如以小说名家。"但当时书商刻印小说则纯粹是为了牟利，从而出现了如钟离睿水在《合锦回文传序》中所说的腐败现象："盖自说部逢世，而侏儒牟利，苟以求售，其言猥亵鄙靡，无所不至，为世道人心之患者无论矣；即或志存扶植，而才不足以达其辞，趣不足以辅其理，块然幽闷，使观者恐卧而听者反走，则天地间又安用此无味之腐谈哉！"但李渔的小说却能"以通俗语言鼓吹经传，以入情啼笑接引顽痴"，从而使钟离睿水对此作了极高的评价。

对《无声戏·丑郎君怕娇偏得艳》，睡乡祭酒总评说："此书一出……教化之功不在《周南》、《召南》之下。岂可作小说观？ 这回小说救得人活，又笑得人死，作者竟操生杀之权。"由此可见，李渔小说的劝世教化力度是很大的。

睡乡祭酒又在《连城璧序》中，对李渔的小说作了高度赞扬：

吾友屏绝尘氛，闭户搦管，额额不休，视其书，非传奇即稗官野史。予谓："古人著书，如班固、袁宏、贾逵、郑玄之徒，皆以经史传当世，子何屑屑此事为？"吾友微笑不答。予因取其所著之书，趺坐冷然亭上，焚香煮茗而读之，其深心具见于是，极人情诡变，天追渺微，从巧心慧舌，笔笔钩出。使观者于心焰熛腾之时，忽如冷水浃背，不自知好善心生，恶恶念起。予因拍案大呼："吾友洵当世有心人哉！经史之学仅可悟儒流，何如此作为大众慈航也。"

李渔小说内容的现实性体现在如下几个方面：

一、反映了明末清初社会动乱给人民带来的灾难。如在《十二楼·生我楼》、《十二楼·奉先楼》中就揭露了官军和乱军抢劫人民财产、奸淫贩卖妇女以及残酷杀人的现象，在破镜重圆的故事中，往往寄寓着妻离子散的辛酸。

二、暴露了封建统治者的丑恶灵魂与残暴本质。在《十二楼·萃雅楼》中，揭露了严嵩父子把持朝政、飞扬跋扈、横行无忌、祸国殃民的罪行，并把矛头指向了最高统治者——皇帝，因为严嵩奸党恰恰就是皇帝宠信、包庇的结果。此外，还有《十二楼·鹤归楼》指责帝王搜夺民间美女，《十二楼·十卺楼》揭露恶霸和衙门的丑恶，《十二楼·三与楼》讽刺批判贪婪奸诈的地主，等等。矛头所向，都是高踞于人民头上的统治者。

三、在男女青年婚姻爱情的题材中，批判了封建礼教、门第观念，肯定了男女青年追求婚恋自由、反抗封建束缚的行为。如在《十二楼·夺锦楼》中，对剥夺女儿幸福、包办女儿婚姻的钱小江夫妇作了尖锐的讽刺；在《十二楼·拂云楼》中，将从金钱出发和从爱情出发两种婚姻作了对比，严厉批判了婚恋中的金钱势利观念；在《十二楼·合影楼》中则指出真挚的男女恋情是什么力量也摧不垮的："莫道家法无所施，官威不能慑，就使玉皇大帝下了诛夷之诏，阎罗天子出了缉获的牌，山川草木尽作刀兵，日月星辰皆为矢石，他总是拼了一死定要去遂了心愿。"

四、反映正义与邪恶、忠义与奸佞之间的斗争。例如长篇小说《合锦回文传》，是将桑梦兰、刘梦蕙的爱情故事跟统治集团内部的忠奸斗争、平民社会中的正义与邪恶的斗争交织在一起来写的。作者创作这部小说的目的是抨击邪恶，挞伐奸佞，惊世醒世。素轩总评说："一部十六卷书，以回文起，以回文结。首尾回环，织成一片。亦谓之一幅《璇玑图》可也。中间乍离乍合，疑死疑生。忽而盗贼，忽而战斗。忽而鬼物显灵，忽而比丘说法。令人目眩神摇，无非惊世醒世。至于末幅四句回文诗，愈出愈奇。最后七言一绝，细绎不尽，几欲分若兰之席。嗟乎，作者有才如此，乃未获吐其胸中锦绣，以黼黻皇猷，徒寄藻思于稗官之末。可胜叹哉！"

五、揭露当时社会的种种弊端，如行骗害人、诱赌害人等。《无声戏·鬼输钱活人还赌债》睡乡祭酒总评说："这样小说，竟该做仙方卖。为人子弟的，不可不买了看；为人父兄的，更不可不买了看。"因为这篇小说是借说鬼话来揭露赌博坑人的。情节似乎荒诞不经，讲的却是至理名言。请看开篇诗与小说开头的一段话：

世间何物最堪仇，赌胜场中几粒骰。
能变素封为乞丐，惯教平地起戈矛。
输家既入迷魂阵，赢处还吞钓命钩。
安得人人陶士行，尽收博具付中流。

这首诗是见世人因赌博倾家者多，做来罪骰子的。骰子是无知之物，为甚么罪他？不知这件东西虽是无知之物，却像个妖孽一般，你若不去惹他，他不过是几块枯骨，六面钻眼，极多不过三十六枚点数而已；你若被他一缠上了，这几块枯骨就是几条冤魂，六面钻眼就是六条铁索，三十六枚点数就是三十六个天罡，把人捆缚住了，要你死就死，要你活就活，任有拔山举鼎之力，不到乌江，他决不肯放你。

如今世上的人迷而不悟，只要将好好的人家央他去送。起先要赢别人的钱，不想到输了自家的本；后来要翻自家的本，不想又输与别人的钱。输家失利，赢家也未尝得利，不知弄他何干？……看官，自古道："鹬蚌相持，渔翁得利。"那两家赌到后来，你不肯歇，我不肯休，弄来弄去，少不得都归到头家手里。所以赌博场上，输的讨愁烦，赢的空欢喜，看的陪工夫，刚刚只有头家得利。当初一人，有千金家事，只因好赌，弄得精穷。

李渔小说的艺术性，表现在如下几个方面：

一、故事新奇而符合人情。《十二楼·生我楼》睡乡祭酒总评说："觉世稗官所作，事事情理之中，独有买人为父一节，颇觉怪诞。观者至此，都谓'捉出破绽来'，将施责备之论矣。及至看到'原属父子，天性使然'一语，又觉得甚是平常，并不曾跳出情理之外。"《连城璧·乞儿行好事，皇帝做媒人》睡乡祭酒眉批说："必至之情，必有之事，《无声戏》之妙处妙在事事在人意想之外，又事事在人意想之中。所以为从来小说之冠。"李渔的小说，很少讲说鬼神。偶尔说到鬼神，也是借鬼神来说人事。《连城璧·贞女守贞来异谤，朋侪相谑致奇冤》睡乡祭酒总评说："《无声戏》之妙，妙在回回都是说人，再不肯说神说鬼。更妙在忽而说神，忽而说鬼，看到后来，依旧说的是人，并不曾说神说鬼。幻而能真，无而能有，真从来仅见之书也。"

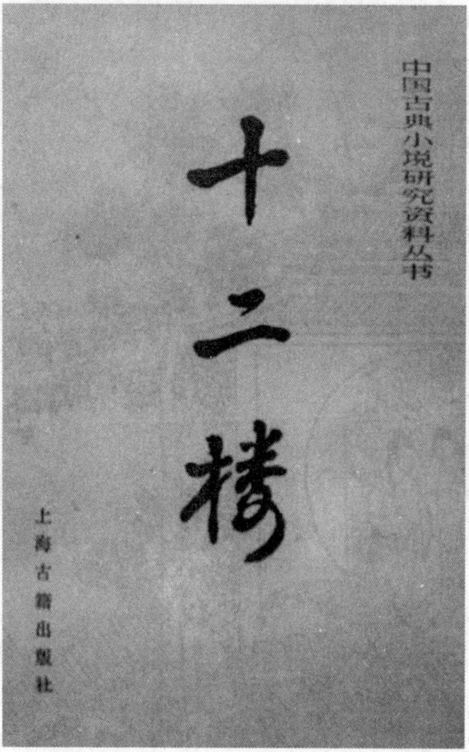

《十二楼》书影

二、情节曲折而波澜起伏，结局往往出人意外，是李渔小说的又一明显特色。李渔极擅长在小说中运用巧合及出乎意外的情节，从而加浓喜剧气氛，使作品具有强烈的艺术吸引力。比如《十二楼·闻过楼》的主人公是明朝嘉靖年间名士顾呆叟，他恬淡寡欲，决心做一个与尘世绝缘的山林隐士，便毁弃诗书笔砚，携家眷入山居住，并发誓绝不与官场发生纠葛。哪知入山以后，接连碰上好几件使他无法摆脱名利的事：县里委派他经管粮食监兑；盗贼进门抢劫财物；强盗陷害他接受赃物；官府捉拿他去审问；等等，这使他无法安然隐居山林，不得不进城见官。到最后才知道这一切都是他的朋友故意设下的圈套。于是顾呆叟的隐居计划也就只得全盘放弃了。总之，情节一环扣一环，吸引人必须一口气读下去，如果不把小说读完，这个谜底是揭不开的。《十二楼·合影楼》也以故事情节曲折取胜：珍生和玉娟相爱，玉娟的父亲管提举坚决反对玉娟的婚恋，后来路公依靠自己的智慧，促成了珍生、玉娟、锦云三个人的美满婚姻，解决了两家的恩怨。"故事由一对男女插入了一个第三者，本来是三角恋爱，更增加纠纷的局面。不料情敌的加入却成了促使团圆的契机，虽然作者成竹在胸，事事由他摆布安排，但曲折纤巧之中也仍显得圆熟浑成。明明是雕琢斗榫而成的情节而颇能泯除镶嵌的痕迹，作者操纵腾挪的手段也不能等闲视之"。（何满子、李时人主编《中国古代短篇名篇赏析》）的确，情节的一波三折紧紧地吸引住了读者，是这篇小说成功的关键。

三、结构单纯，主线突出，针线细密，前后照应周到。李渔非常重视戏剧结构，曾提出立主脑、减头绪、密针线等很多著名的理论。在他的小说中同样也体现了这些特色。他的小说，主人公与中心事件非常突出，很少枝蔓，决没有杂芜之感。如《连城璧·谭楚玉戏里传情，刘藐姑曲终死节》，作者紧紧抓住谭楚玉与刘藐姑的爱情纠葛，把情节一步步推向高潮。从结构来看，小说始终扣紧两个主人公的爱情发展这条线索，一线到底。当然，李渔也有少数作品如《十二楼·合影楼》和《连城璧·寡妇设计赘新郎，众美齐心夺才子》，是双线发展，但这些作品仍能体现结构紧凑精干、并不枝蔓的特点。李渔小说不仅结构谨严，还做到针线细密，前后照应周全。如《十二楼·生我楼》开头交代尹小楼三四岁的儿子时仅寥寥数语："随着几个孩童出去嬉耍，晚上回来不见了"，"彼时正有虎灾，人口猪羊时常有失脱，寻了几日不见，知道落于虎口，夫妻两口几不欲生"。这时小说有意含糊其辞，让读者也以为这孩子被老虎吃了。这就引起下文尹小楼要想立嗣、外出卖身等一系列的奇特情节。但当小说写到后来，点明买尹小楼为父的姚继正是他十几年前以为被老虎吃了的儿子。这时读者也才恍然大悟，原来他的儿子并没有被老虎吃掉。由此可见，这个伏笔安排得多么巧妙！

四、语言通俗生动，富有幽默感。李渔认为小说戏曲与诗文不同，诗文是做给读书人看的，所以贵典雅；小说戏曲是做给读书人与不读书人同看的，所以贵浅显。他从小说戏曲的服务对象出发，认为小说戏曲应该是“话则本之街谈巷议，事则取其直说明言”，即使“有时偶涉诗、书，亦系耳根听熟之语，舌端调惯之文，虽出诗、书，实与街谈巷议无别者”，同时，他还认为，不论写什么，都须以板腐为戒，主张“离合悲欢嬉笑怒骂无一语一字不带机趣”。所以他的小说都具有通俗流畅、诙谐风趣的特色。如在《连城璧·老星家戏改八字，穷皂隶陡发万金》中，写蒋成因为不会敲诈勒索，结果弄得衣食不周，而且还受到别人的嘲笑。小说中有这样一段话：“不是撑船手，休来弄竹篙。衙门里钱这等好趁？要进衙门，先要吃一付洗心汤，把良心洗去。还要烧一份告天纸，把天理告辞。然后吃得这碗饭。”李渔将贪赃枉法、敲诈勒索的狡吏比作撑船老手，多么形象、多么贴切！因为撑船老手既能捞到财物，又不会弄翻船。又说他们是吃了洗心汤，烧了告天纸，洗心汤洗尽了天良，告天纸贿赂了鬼神，不再担心有报应，多么辛辣、多么犀利！又如在《连城璧·受人欺无心落局，连鬼骗有故倾家》中，对于竺生、庆生二人所看到的有关赌场、赌徒的一段描写，有赌徒的衣服穿着，有赌徒的语言动作，有赌徒的大吵大闹，有赌徒间的和解如初，有人有景，有动有静，有冷有热，简直是写活了。李渔的语言，既通俗浅显、明白如话，又诙谐辛辣、妙趣横生，真能令人感到越读越有味。李渔在《与陈学山少宰书》中曾说：“渔自解觅梨枣以来，谬以作者自许。鸿文大篇吾非敢道，若诗歌词曲及稗官野史实有微长，不效美妇一颦，不拾名流一唾，当世耳目为我一新。”以上例证证明了李渔的“夫子自道”确实不虚！

五、具有戏剧性。素轩在《合锦回文传》第二卷卷评中说：“稗官为传奇蓝本。”

李渔常将自己的小说改编为剧本。就现存作品来看，他将小说《无声戏·谭楚玉戏里传情，刘藐姑曲终死节》改成剧本《比目鱼》，将小说《无声戏·美妇同遭花烛冤村郎偏享温柔福》改成剧本《奈何天》，将小说《无声戏·寡妇设计赘新郎，众美齐心夺才子》改成剧本《凰求凤》，将小说《十二楼·生我楼》改成剧本《巧团圆》。此外，在浙江古籍出版社所出版的《李渔全集》中，在《无声戏》目录的第一、第二、第十二回下均注有“此回有传奇嗣出”字样，那么，李渔至少有七种小说改成剧本。将小说改成剧本，小说本身必然具有较强的戏剧性。如《无声戏·谭楚玉戏里传情，刘藐姑曲终死节》，就极具戏剧性。睡乡祭酒在回末写了这样一段评语：

这回稗史之中，有七件怪事，皆与寻常情理相背：以极淫之妇而生极贞之女，一怪也；以极下贱之人而为极高贵之事，二怪也；从来作传奇者，皆从实事之中演出戏文，此独于戏文中演出实事，三怪也；从来梨园中之净丑为生脚之退步，此独为生脚之入门，四怪也；既以神道设教，则二郎神为梨园子弟之主，即当从此起见，借渠作氤氲使者，乃二郎神绝不与串，忽以不相关涉之晏公越神俎而代庖，五怪也；从来稗官野史皆以主人携客，未闻以客携主，谭楚玉一朝发迹，则当携带莫渔翁做个富贵之人，乃常理也，此独以旁见侧出之莫渔翁携带谭楚玉做了个高隐之辈，六怪也；从来戏文小说皆以热闹收场方合时眼，否则为观者所弃，此独以山林寂寞终之，七怪也。种种拂情背理之事，不见怒于观者亦已幸矣，乃复令人自开卷称奇，直至终篇，无刻不欲飞欲舞，此何故欤？真令人解说不出，只好骂几声作怪稗官，稗官作怪而已。

评语中所说的七件怪事，正是说明这篇小说极具有戏剧性的矛盾冲突，从而使读者“无刻不欲飞欲舞”。而这恰恰又是李渔小说的一个极鲜明的特色。

《李笠翁小说十五种》书影

李渔的诗词创作成就

李渔的诗词，数量可观，现存一千多首。他继承了晚明公安派的特色，追求新鲜活泼的意趣，颇有创新精神。丁澎的《笠翁诗集序》写道：

一家言者，李子笠翁之所著书也。李子家贫，好著书，凡书序、传记、史断、杂说、碑铭、论赞以及诗赋、填词、歌曲不下数十种。其匠心独造，无常师，善持论，不屑屑依附古人成说，以此名动公卿间。

予与李子交最久，顺治初即识之于婺州，谈说时务，欢然无所忤。时李子方少壮，为任侠，意气倾其坐人。后予两人各有四方之志，历十年所，予在京师，李子自濲迁于杭，无所合，遂去游燕。予又谪居塞上，更二十年，始聚于金陵之长干，李子实流寓于此。嗟乎！交游邂逅，友生散落，升沉离合之感，曾有历三十年如一日，若是之久者乎！倘三十年以来，虽处各易方，或有商榷古今得失，欲考艺而问业者，极数千里而遥，时得以尺一相通讯，亦不至寥寥然若是之久且疏也。何吾两人旷焉若隔世，而身之所寄、迹之所到，各不能相为谋，其涉阅崄巇，穷愁困顿，颠陨百折，以至于今。当世徒好其书，不知其垂垂将老也。

李子愀然曰："亦既知之矣。惜吾生平所著律诗歌行尚未尽传于世者，子盍为我序之以行？"予曰："否否。子不尝卜筑于吴山之麓乎？"李子曰："然。购张侍卫之居以终老焉，非能廓而新之也。虽然，有异焉。予尝葺是居也，非匠石之所能为也。颓垣废桶，灌莽虺蜮所丛处，芟之伐之，庀其材则得半焉。由是析钟山旧庐而益之，高其甍，有堂坳然，危楼居其巅，四面而涵虚。其欂栌则有蜷曲若胶者，户则有纳景如绘者，棂则有若蛛丝大石弓者，户则有机而兽者，檐则有婉蜒下垂而欲跃者，或俯或仰，倏忽烟云吐纳于其际，小而视之，特市城中一抔土耳。凡江涛之汹涌，巑峰之崩岃，西湖之襟带，与夫奇禽嘉树之所颉颃，寒暑惨舒，星辰摇荡，风霆雨瀑之所磅礴，举骇于目而动于心者，靡不环拱而收之几案之间，虽使公输子睨视袖手而莫能施其巧也。"予闻之蹶然起，曰："有是哉？何其大类吾子之诗乎！创造之奇，自开户牖，不欲假前人之斧斤，亦若是而已矣。窃怪予历三十年交游邂逅，友生散落，升沉离合之感，独不能已于中者，则何也？"

时康熙戊午癸月，同里年家弟丁澎药园氏题于扶荔堂。

丁澎认为李渔诗词像他构造园林一样富有创新精神。的确，李渔诗词的创新精神，既表现在内容意境的开拓上，也表现在风格情趣的求新上。内容意境上的特色表现在以下几个方面：

一、李渔常在诗中揭露当时社会的阴暗面，借某些事来发牢骚。例如《薄命歌》写一扬州女嫁给一个杭州富人作妾，遭到大妇的虐待而恹恹待毙，诗的结尾处写道：

薄命妾，薄命妾，今古红颜同一劫。
苏小、小青先我行，留得西湖盛泪血。
寄语故乡窈窕儿，如花不是好容姿。
西施莫笑东家丑，垢面蓬头未是痴。

竟然认为女子容貌美不是福而是祸，女子应像东施那样蓬头垢面才好。这显然是在说反话。又如《活虎行》，序中写道："郡司马瞿公萱儒摄篆汤邑，予偶过从。时山民获二稚虎，槛而献之。公留其一，以一赠予。予即日携归，欲使家人各识其状。讵料汤溪至予家仅四十五里，行三日夜始至。盖以途间男妇聚观如堵，皆谓虎之活者从未经见，必欲一试咆哮，观之不足，复以羔羊、乳彘竞投，观其搏食。予苦纠缠，然彼众我寡，势不能拒，且有截予前路，使不得行者。才至此地，彼数里之前，早已聚族而待。况虎之啸声异于他兽，牛羊犬豕之属，闻者莫不震悚，甚至屎溺并遗。有声若此，虽欲掩藏，其可得乎？以是半日之途，淹于三昼夜。迨携至山居，百里内外之人无不就观异物。而富贵之家又以闺人不见为恨，走书固索，词极哀恳，咸以先见为荣，不得为辱。噫！一虎之微，只以但见其死，未见其生，遂致倾动一国，宝若凤麟。使人而虎者，炳蔚其文，震作其声，而又不为人所习见之事，则一鸣惊人，使天下贵贱老幼，以及妇人女子，咸以得见为幸，其得志称快又当何如？借物志感，作《活虎行》以自励。"后半篇写道：

家住深山来远亲，不是知交亦相识。
人以为荣我独羞，身不能奇假奇物。
纵使凤凰栖我庭，麒麟驺虞产我宅。
彼自瑞兮何与吾，丈夫成名当自立。
人中有虎忌生翼，炳在文章威在德。
扬声四海同其喧，扪舌能令天下寂。
山川草木尽知己，妇人女子何足识。
君不见猛虎无才但有威，枭獍终为人所获。
肉将脯兮皮将䩬，意气昂昂犹自得。
嗟哉世间之人怜愚悯，死之不暇何尚夸奇羡猛声啧啧！

王安节评曰："此先生三十年前诗也。向于《龆龄集》中见之，乃今名满天下，妇人稚子莫不知有笠翁，非炳蔚文章所致欤!有志者事竟成,信然哉!”王安节着眼于李渔年轻时志向不凡,固然不错,但更可看出他借题发泄他怀才不遇的愤慨和批判世人的愚昧。而李仁熟则评曰:“善医者牛溲马渤皆入药笼,善诗者屎遗溺下皆成锦句。化臭腐为神奇,功在点铁成金之上。”则从诗歌的艺术性上称赞他善于创新。

李渔有卖剑、卖琴、卖砚、卖画等诗,一方面他确实因贫困而出卖过这些心爱之物,同时也借此抒泄他对现实的不满。现举两首于下:

卖琴

一琴三十载,相伴客穷途。既已缘贫卖,难言待价沽。
囊犹今岁制,弦自旧时无。从此山斋夜,风来壁不呼。

卖砚

止剩一区田,饥来也卖钱。笔耕三十载,墨渍几千年。
携久棱都缺,磨多体不全。送君闲处去,古石免教穿。

用极旷达的语气叙写穷愁潦倒的生活现状,更能使人感动。

李渔曾写过四首《颂钱神》诗,采用皮里阳秋的手法来讽世,犀利泼辣,耐人寻味。现录两首于下:

天下神无算,惟君擅异灵。力能倾上帝,气可吸沧溟。
转世何须毂,飞人不假翎。相传千佛贵,诵此作名经。

历久才相识,诚哉第一流。几文疏骨肉,屡贯易恩仇。
得此千祥集,离君万事休。他时天地缺,还仗汝来修。

《吊书四首》(题下自注:兵燹后作),选录三首:

时流莫谓吊书迂,依与前人性命俱。
王粲再求谁付与,伏生肯授愿为徒。
太平有字饥堪煮,丧乱无家口不糊。
始信焚坑非两事,世间书尽自无儒。

将军偶宿校书台，怒取缣缃入灶煨。
国事尽由章句误，功名不自揣摩来。
三杯暖就千编绝，一饭炊成万卷灰。
犹幸管城能殉汝，生同几案死同堆。

心肝尽贮锦囊中，博得咸阳片刻红。
终夜敲推成梦呓，半生吟弄付飘风。
文多骂俗遭天谴，诗岂长城遇火攻。
切记从今休落笔，兴来咄咄只书空。

兵灾之后，李渔为藏书和自己的著作被焚毁一空悲痛至极，写下了这组控诉兵灾的诗。"始信焚坑非两事，世间书尽自无儒"，认为焚书本身就是坑儒，书都没有了，哪来什么儒生？愤懑之情，喷薄而出，令人感愤不已。接着写军官竟命令士兵燃烧书籍来做饭，"三杯暖就千编绝，一饭炊成万卷灰"，多么令人痛心！而结句竟出之以诙谐之笔，"犹幸管城能殉汝，生同几案死同堆"，幸亏毛笔为你殉难，真是生死与共啊！最后一首从著书人的辛苦落笔：费尽心血，彻夜推敲，半生吟弄，竟是一场空！"文多骂俗遭天谴，诗岂长城遇火攻"，正话反说，由于诗文批判世俗黑暗，竟遭到老天爷的谴责，说了这句，立即挽回，诗书不是长城，竟遭到了火攻。仿佛矛盾之语更显示了诗人的愤懑，诗歌最后表示更是从今以后将永远搁笔。但以诗文为性命的李渔，真的能搁下他那支生花妙笔吗？这不过是气极而言罢了！

二、李渔的诗歌直接描写底层人民的悲惨生活，表现对民生疾苦的关心。如《夏寒不雨为楚人忧岁》：

江风五月尚飕飕，疑是生寒应麦秋。
暑雨不多难望岁，密云虽布转增忧。
四方丰歉觇三楚，两载饥寒遍九州。

民命久悬仓廪绝，问天何事苦为仇？

纪子湘评曰：“‘三楚熟，天下足’，谚语皆可入诗，药笼自无弃物。”这是从写法的角度来评论的。实质上此诗主要体现了李渔对民生的关切之情。尤其是尾联“民命久悬仓廪绝，问天何事苦为仇？”竟责问老天爷为什么与人民为仇，从峻急的语气中，更能体现李渔关心民瘼的热情。

又如《菜根篇谢柯岸初给谏》，题下注：“时给谏惠菜，兼赐长笺，诗以答之。”诗曰：

菜根滋味贫儿识，识透于人愧无益。
士夫解此能有为，又苦纷华不屑食。
食者何人柯使君，立朝正色甘清贫。
肥泽自由心广得，不因茹淡瘴其身。
眴我一盂殊可口，嚼之三日馀清芬。
更羡书词能感慨，世人口腹随身改。
身荣五脏不甘贫，投以齑盐辄相骇。
日餍肥甘累小民，小民面色多文采。
文采青黄菜作形，官人不食贻斯民。
世事滔滔不可返，与君废箸空评论。
我食此菜甘如蜜，继读此书难下膈。
奇荒接踵闾阎饥，求为无馑曷可得！
谏垣得此忧时人，启口何难沛膏泽。
君不见当时郑侠《流民图》，图上仪容多此色。

一位官员送给李渔一些青菜，李渔居然借此发了一通关心民生疾苦的议论，不仅义正辞严，极为犀利，也极为感人！

三、李渔的诗颇含哲理。例如《交友箴》中“饮酒须饮醇，结交须结真。饮醇代药石，交真类松筠。交友非细故，并四成五伦。譬遇非其主，岂肯自称臣”这几句，钱牧斋评道：“理至词宜，征品征学。”吴梅村评道：“世情三昧语。少年

《芥子园画谱》山水（一）

场何处得来？”而此诗结尾几句：“交道戒纷纭，交情忌稠密。神交千里通，面交九嶷隔。宁寡无滥觞，宁淡无胶漆。慎此出门交，庶几良友得”，则更是交友的至理名言，简直可以看做是交友的准则。

而在《阿倩沈因伯四十初度，时伴予客苕川，是日初至》诗中有句云：

酒无千日醉，诗可百年娱。
古人欢饮处，究竟一蘧庐。

蘧庐，古代驿站中供人休息的房子，即旅馆。李渔将诗酒作了比较，认为饮酒只能取得暂时的欢乐，古人欢饮的地方，不过是人生旅途中暂时寄居的旅馆，而作诗却可取得长久的欢娱。这正是曹丕“文章经国之大业，不朽之盛事”这一著名论断的精彩发挥。

四、旅游观景诗写得很有意境，很有情趣。如《西溪探梅同诸游侣六首》之六：

东坞胜西坞，南枝强北枝。岂其花有异，兴别景随之。
人言最深处，敻绝过于斯。游踪苦不到，异芳花自知。
我闻欲遄往，人曰非其时。雪深路未见，地寒开较迟。
只今花蕊半，佳境犹参差。此语徒痒人，切勿轻来兹。
需之数日后，晴雨谁能知？但作如是观，蔗境留相思。

王安节评曰：“兴到景随，谁人道得出！”

又如《早行书所见》：

出户天将晓，晨星未尽没。人虑溪桥危，马愁霜路窄。
艰行十馀里，东方始全白。吠犬乃息声，栖鸟尽振翮。
有父课儿读，知是幽人宅。园果高出垣，举手尽可摘。
不以窃屦心，逆防行路客。朴哉山中民，存心犹古昔。

汪蛟门评曰：“较‘鸡声茅店’‘人迹板桥’更为浑朴。”

又如《与杭人谈粤中山水》：

朝立西湖岸，暮立西湖岸。渴饮西湖水，饥食西湖饭。
生长在湖滨，从未离乡惯。谬谓天下人，所居皆足羡。
不知三竺美，视得六桥贱。雷峰塔稍旧，便觉看来厌。
常思出外游，二目稍更变。一旦适他州，所游非所愿。
问水水难得，觅山山易窜。即使偶然遇，零星不成片。
摄入图画中，才盈一尺绢。不堪充大幅，止留作便面。
土人尚骄语，男妇争游宴。坐观远人嗤，误认作欢忭。
归来告乡人，始识家可恋。但知矜所矜，不自姗所姗。
岂知天地广，二足难周遍。山水若条分，西湖仅一线。
我游东西粤，造物肆奇幻。山高极穹窿，水渺若河汉。

千岩攒一壑，一瀑分千涧。但有绵缈势，而无断续患。

若作画图观，纪幅日盈万。或行数百里，偶然一小间。

也似旧人画，完中应有绽。较之西湖景，彼幅此一扇。

所见已如斯，况多所未见。焉知人讪吾，不如吾所讪。

由杭州西湖山水之美，说到广西山水之美，通过比较，使得两地的自然景观的特色更能突现。

又如《镇江舟中看雪歌》：

野旷风高雪易密，洒向孤蓬声淅淅。

青雀舫生白羽翼，俨若凌空鹤一只。

坐看盈咫复盈尺，千山万山相竞白。

唯界寒江青一脉，寒江钓叟玉为笠。

一竿相向催诗急，此时欲默默不得。

搔首狂歌凭酒力，一字数呵气欲滴。

偏是冻毫未肯湿，聊书短句非塞责。

吟兴颇丰吟具啬，恨不一倩王摩诘。

写入鹅溪绢一匹，图中不用半点墨，妆尽长江千里色。

写长江雪景活灵活现，读后犹如亲历其境。真是“不用半点墨，收尽千里色”！李仁熟评曰：“人人有此意，人人道不出，惟笠翁倾吐却尽。”

又如《儋州行赠何主洛使君》，写海南岛景色如画，李仁熟认为“是一篇海南记。读此可当卧游”。诗云：

谓予汝欲观奇葩，此地无之海南有。

腊月荷花开满池，岁朝人饮碧筒酒。

椰子槟榔不足餐，波罗蜜最宜人口。

铁树花开香满庭，红藤簟上倾蛮斗。

沉速闻来不觉香，百姓燔之若薪槱。

我闻此语心魂迷，心魂欲往身难移。

《自真州放艇片刻而抵白下，天送归人其捷如此》这首以小序代诗题的诗写道：

江山如倒屣，接客仗风威。腾起龙江水，飞来燕子矶。

橹声开落日，帆影卸馀晖。一饭未全熟，人从远地归。

此诗极善于写风，简直把风写活了。而回家的欢乐、迅捷，则尽在不言中。

李渔有些诗不仅写景如画，还能引人入胜。如《乌伤道中》：

笋舆轻便莫愁程，谷转溪回路欲平。

村酒十千难论价，山花一半不知名。

春来峭壁呈秋色，晴日飞泉作雨声。

谁说樵居农事少，白云多处有人耕。

五、李渔善于用诗为奇人画像。如《酒徒篇为燕中褚山人作》：

有客来从燕之都，自言我是高阳徒。

杖头行李无多物，几串青钱一酒壶。

谋生耻用陶朱术，不种桑麻惟种秫。

一年止醉十二场，一醉却须三十日。

垂帘卖卜长安陌，得钱但向垆边掷。

醒时青眼醉时白，醉时金刚醒时佛。

七贵五侯遭面叱，双阙九重排闼入。

奋臂叫呼中贵吓，醉人天子不加责。

有时蓬跣游狭邪，寒夜偏呼酒当茶。

美人不敌粗豪势，急脱缠头向酒家。

酒酣耳热神情变，夺将脂粉自匀面。

翠凤云翘插满头，自舞自歌还自羡。

饮中三昧君得之，君腹居然一酒池。

中山一醉仅千日，君醒直须长夜时。

嗟余力不胜杯酹，莫识醉乡在何许。

但能领略醉翁情，喜与八仙为伴侣。

对于这个酒徒，狂放之态写得笔笔传神，还可使读者隐约地

《芥子园画谱》山水(二)

感觉到隐藏在狂态中的愤世嫉俗之情。

又如《奇穷歌为中表姜次生作》:

姜生命我歌奇穷,我亦穷人歌自工。
酒杯堪借急须借,垒块一浇三日空。
屈指君年四十五,二十年前气如虎。
文坛直欲擅旗鼓,习诗不肯习一家,中唐盛唐晚亦夸。
太白仙兮长吉鬼,都来暗助笔头花。
临池学羲兼学献,大之小之随手见。
兴来泼墨不停挥,一日能完千幅绢。
纷纷门限踏将穿,偏是笼鹅人不见。

亦复有时为篆记，缓成急就皆如意。
上穷三代下穷秦，犹笑汉人不识字。
才技精时品自高，羞向侯门自荐毛。
柴门卒岁无车马，君既安贫贫亦遭。
几度为文送不去，题诗依旧留将住。
不独昌黎备五穷，亦因审言困二竖。
年来善病只喜眠，床头时一理残编。
欲将饥字呼儿煮，厨下无薪难举烟。
从来学穷称原宪，原宪家贫德益见。
从来才穷称郊岛，郊岛饥寒诗更好。
天欲成君学与才，不使君家略温饱。
君不见范公欲救贫书生，打碑夜半遭雷轰。
又不见伯龙累宦家无钞，才营什一为鬼笑。
我侪穷骨天生成，身不奇穷不著名。
纵使砚田多恶岁，还须载笔照常耕。

诗写一位既擅做诗又擅书法的奇才，贫病交加不得温饱，尽管如此，却“才技精时品自高”，“羞向侯门自荐毛”，表现出极其高贵的品格。至篇末，诗人联系到自己说：“我侪穷骨天生成，身不奇穷不著名。纵使砚田多恶岁，还须载笔照常耕。”勉励他再穷再病也不能放弃创作。李渔说，我们虽是天生的穷骨头，但不穷不会著名，虽说靠卖文为生，生计艰难，但我们决不能放弃笔耕。这种描写奇人的手法，显然也是向善于描写特异人物的唐代著名诗人李颀学习的结果。

李渔也善于自画像。如《六秩自寿》四首：

门多佳客为生辰，满轴题诗总未真。
讳丑必教人饰面，摹痴须用自传神。
满头霜雪风流子，尽日诙谐冻馁身。
只有桃花能笑我，但讥落拓不嘲贫。

自知不是济川材，早弃儒冠辟草莱。
性亦爱钱诗逐去，才难致忌命招来。
忘忧只赖歌三叠，不饮惟耽茗数杯。
何处可容青白眼，柴荆日日对山开。

历周甲子岁华盈，面目虽除性未更。
易醉易醒蕉叶量，忽悲忽喜小儿情。
头颅可赠欺难受，争战虽输守独赢。
祈假十年增著述，古稀希古并留声。

晚来客去自称觞，不饮还须醉一场。
五十无儿邓伯道，六旬多子郭汾阳。
君亲造命天加岁，妻妾怜才友恕狂。
眼底无人开笑口，让侬姑作夜郎王。

一位诙谐多姿、以诗文为性命、喜品茗不善饮酒的文士形象便跃然于纸上。

六、李渔有些诗，颇含佛理禅趣。如《偶兴》：

绝无登眺意，忽到翠微间。行事类如此，求安未必闲。

寓有“有心栽花花不发，无心插柳柳成行”之意。

《闲》：

并无一事扰，随地便成山。不到人稠处，焉知我独闲？
艮看云出岫，爱学鸟知还。早岁能如此，头颅正未斑。

寓有“心头无事天地宽”之意。

《雪弥勒》：

趺坐琼山宝树林，白毫光里少尘侵。
现身全仗空为色，布地偏将玉作金。
为看人情成冷笑，因怜世劫倍寒心。
伫看化作杨枝水，一滴能消苦海深。

李仁熟评曰：“寓意深远。”熊元献评曰：“抵一册《楞严》。”按《楞严经》是佛教中一部著名经典。评者认为读这首诗抵得上读一部《楞严经》固然有些夸张，但诗中蕴含佛理禅趣却是确实的。

七、李渔有些诗，苦中作乐，闲处生韵，初读颇觉意外，细味却在情理之中。如《答王子立山人问病，兼释致病之疑》：

花柳从教笑又颦，旅怀原不为伤春。
穷愁易忘须臾事，风雨能遥咫尺人。
身在岂能无痛痒，病来何必有原因？
良朋爱我翻成惑，影里弓蛇未是真。

《卖楼》：

百年难免属他人，卖旧何如自卖新？

《芥子园画谱》人物（一）

松竹梅花都入券，琴书鸡犬幸随身。
壁间诗句休言值，窗外云衣不算缗。
他日或来闲眺望，好呼旧主作佳宾。

前一首写朋友问病，颇为怀疑他致病的原因（比如因声色过度而致病等），但妙在问而不答，从闲处着墨，尤其是“身在岂能无痛痒，病来何必有原因”两句特别耐人寻味，使朋友不能再问。后一首写出卖新盖之楼，本来是极令人苦恼的事，却写得如此悠闲自在，诗人在如此困境中仍这样旷达，真的令人叹为观止！

八、以诗写传奇故事。李渔有《白头花烛诗》，诗题下自注云：“阅《湖州府志》，有归安列女倪氏，许聘陈敏八。敏八从军不返，误以死闻，倪矢志不嫁。越五十载而敏八归，始成婚姻之礼。时年六十一，夫六十八，两人霜雪盈颠，人号‘白头花烛’。予谓此仅事，亦韵事也。惜府志无诗，因为补咏。”诗云：

女子贵守贞，不嫁乃常事。能嫁更为奇，务免风人刺。
倪氏归安女，许聘十三四。厥夫远从军，久乏平安字。
人言沙场殁，好音日三至。皆为议改醮，侯门争结驷。
女愿作鬼妻，之死矢靡二。茹荼五十载，为餐绝盐豉。
一旦熄烽烟，远人忽焉至。父母暨妁媒，云亡且乏嗣。
谁为主婚媾，男女皆由自。男鬓不胜花，女发无可髢。
只为霜雪上，难以饰珠翠。不如尚本色，翻足称人瑞。
人瑞世间有，孤行不成对。更喜出童身，行乐皆犹未。
为欢询若何，如梦亦如醉。以此续风诗，《周南》所不讳。

佟碧枚评曰：“此诗此序，可当一部传奇，有关名教非浅。笠翁于是不可及。”顾梁汾评曰：“曲终奏雅，却不袭庐江小吏，故转笔灵快，迥非思议所及。”

九、李渔以诗歌的形式，总结了作诗的甘苦。如《向慧远寺僧借几案笔墨誊诗》：

马上苦推敲，白髭断吟雪。零星未成篇，仅可充谭屑。
况止存腹稿，寸肠若绳结。借尔一龛灯，卒我终宵业。
明发即可携，无囊而有箧。香积弗烦煮，糇粮有馀粒。
但呼飞来泉，费汝广长舌。

在艺术上，李渔的诗歌颇有创造性。因此，李渔的诗歌也颇具特色。

一、李渔的创造，是在广泛学习前人的基础上的创造，不故意标新立异，也没有宗唐宗宋的门户之见。李渔诗通俗易懂，他是有意学习白居易的。李渔曾作了多首学习白居易的诗，例如《和白乐天齐物二首》之二：

冬青寒不凋，名难松柏齐。幽兰非瑞草，与芝常并提。
草木亦有命，同类分高低。歇后作宰相，郑五尝自嗤。
功高不封侯，李广嗟数奇。人亦同草木，贵贱任品题。
不似幽兰幸，甘为冬青遗。承恩既略貌，慎勿夸蛾眉。

佟碧枚评曰："笠翁此等诗，置《长庆集》中，当不复辨。"

但李渔不仅是学白居易，而且广泛学习、吸收前人的优长从而融化成自己的血肉。例如这一首描写音乐的《月夜听两侍儿并吹横笛歌》诗就是一个典型的例子：

三日狂风四日雨，欲坐中庭天不许。
忽然今夕天光开，又复多情送月来。
喜不自持忙布席，何妨衣湿沾莓苔？
侍儿本爱中庭月，借口随人伴孤孑。
各持一笛坐两旁，请奏双声助怡悦。
我欲使之易洞箫，箫声和平笛声高。
侍儿强项不肯易，谓鼓轻唇易得调。
两声初起犹未翕，唱者稍扬和者抑。
双鹤并唳分雄雌，先在离中示可即。
纵之乃不愧纯如，情闲气静神安舒。
雨声至此才合一，低昂不复仍其初。

细听知是商音曲，既类丝兮复类肉。
一奏何难近自然，自然妙在出双竹。
调变越吹声越高，听者耳欲凌青霄。
初时怕听桓伊笛，此际愁过廿四桥。
同声合律真侪侣，技止此乎吾与汝。
小声的历珍珠圆，大声翱翔凤凰举。
更有声在纤洪间，婉若天孙运机杼。
声音实可移性情，此身不知在何许。
我愿汝技同汝心，声同即可同心膂。
式相好兮无相尤，常使欢声谐律吕。

笛声稍纵即逝，极难描写，李渔在诗中，以鹤声、雨声、珍珠圆、凤凰举等来模拟比喻笛声，今日读此诗，使人有如闻其声的感觉，乃得力于他广泛学习了唐代几位大诗人的作品，如李颀的《听安万善吹觱篥歌》、韩愈的《听颖师弹琴》、白居易的《琵琶行》等，学习他们描写音乐的手法而形成的结果。

又如《三山夹阻风二首》之一：

此地距金陵，路止三十里。天欲阻归人，石尤中夕起。
可望不可到，如渴视甘醴。最苦三日前，有书报儿女。
谓我旦夕至，扫舍及庭宇。此时帚欲敝，来人在何许？
相对卜金钱，无乃泣如雨。

此诗后半篇写家中亲人为迎接他归来而洒扫庭宇。愿望落空泣下如雨的情景则跟杜甫在《月夜》想念妻子与小儿女时"诗从对面飞来"（浦起龙评论杜甫的《月夜》诗："心已驰神到彼，诗从对面飞来。"见《读杜心解》卷三之一）的手法如出一辙，这都是李渔"转益多师"的结果。

又如《写忧》四首：

升平才有象，又复虑沧桑。即戴满头雪，重遭压鬓霜。
家贫嫌口众，智短怪身长。此际才何补，临溪掷锦囊。

老乏澄清志，徒能泣楚囚。无官虽少累，多子却添愁。
屠钓真堪隐，林泉未尽收。故交天际满，谁是可依刘？

兵凶谁不识，无奈近人何。尽喜传风鹤，偏思听雪鹅。
乱从心上始，忧向耳边多。有计能无惑，中山尽日酡。

老友皆同我，人人抱瘝忧。桑麻无静土，阴雨乏先筹。
极目千家泪，惊心六月秋。试观旬日里，又白几人头！

丁药园评曰："笠翁诗不屑摹拟古人，而《写忧》四作抑何酷似秦州也？"意思是说，李渔写诗，从不刻意摹拟古人，但他极善于汲取古人的精华，成为自己的血肉。《写忧》四首，极像杜甫在秦州所作的诗。的确如此，李渔是极善于学杜的，他从骨子里去学杜，"极目千家泪，惊心六月秋"不是与杜甫"国破山河在，城春草木深"同样精警吗？

再如《冬至后十日隔村看梅》：

野性常愁负物华，冬来几度踏晴沙。
一阳难解春前冻，三雪方开至后花。
得趣何妨相去远，隔林犹喜未全遮。
东风有意能私我，不送寒香过别家。

王茂衍评曰："'侵凌雪色还萱草，漏泄春光有柳条'，工部《至日》句也。此诗可称敌国。"意思是说，可与杜诗匹敌。这显然是学杜后自我融化的结果。

李渔除了善于向古代优秀诗人学习外，还善于汲取民歌的精华，形成自己的血肉。在七绝中这类作品较多，如《采莲歌十首》，现录几首于下：

两村姊妹一般娇，同住青溪隔小桥。
相约采莲期早至，来迟罚取荡轻桡。

采莲欲去又逡巡，无语低头默祷神。
折得并头应嫁早，不知佳兆属何人？

不识谁家女少年，半途来搭采莲船。
荡舟懒用些须力，才到攀花又占先。

郎看妾在水中央，妾笑回看岸上郎。
去岁采莲犹未嫁，曾将比翼妒鸳鸯。

渔翁去上酒家楼，遗却长竿倚树头。
小妹窃来含笑把，采莲舟作钓鱼舟。

姊妹朝来唤采蕖，新妆草草欠舒徐。
云鬟摇动浑松却，归去重教阿母梳。

吴彦远评曰："十首绝妙竹枝，赋手独绝。"前人写竹枝词，不仅模仿其形式，内容也往往炒冷饭。李渔这十首《采莲歌》，只是汲取了竹枝词的表现手法，内容则来自生活，是他仔细观察少男少女生活后得来的。熊元献甚至认为："十首寄托深远，不仅艳丽为工。"

二、李渔的诗歌清新自然，不事雕琢。如《新竹》：

日来风雨静，天放此君闲。箨老迎人解，枝繁割爱删。
参差难论个，清浅未成斑。辟取容身地，高吟万绿间。

钱牧斋评曰："秀雅天然，不事追琢。"

《山居杂咏》之五写道：

半生长蹙额，今日小开颜。绿田买三亩，青赊水一湾。
妻孥容我傲，骚酒放春闲。独喜林泉福，天犹不甚悭。

写得如山间流水一样自然舒展，其闲适之情却油然而出。

《江城晚眺》：

病慵登眺废，久不履山城。为信无羁足，浑如有意行。

旅怀秋气合，衰草暮云平。只为西风好，能令远笛清。

郑房季评曰：“与‘空掩一庭竹，去看何处花’同其自然。”

又如《我爱江村晚》组诗：

我爱江村晚，家家酿白云。对门无所见，鸡犬自相闻。

我爱江村晚，诸农力乏时。豆棚闲论次，无语不含诗。

我爱江村晚，门无显者车。道旁沽酒伴，什九是樵渔。

我爱江村晚，牛归饭熟时。家家儿女笑，为绝远人思。

写江村农家生活，全用白描手法，语言朴素有味、纯净自然。

三、李渔极善于移情入景，使物著我色。如《客窗夜雨》：

才灭初更烛，胡为夜色深。雨如听楚曲，风亦作吴音。
忽洒无愁泪，如萌有棘心。从来霜鬓早，多半起愁霖。

将夜雨称为“愁霖”，并且是“霜鬓早”的原因，物著我色后，大大地加强了抒情的力度与浓度。

又如《江楼晚眺》：

独倚危栏望不穷，蒹葭碧映蓼花红。
东西人看孤明月，南北帆驰两可风。
水鸟无心依钓艇，江云偶尔逐飞鸿。
相看尽是忘情侣，不止天怀我独空。

写的不过是一般的登高眺望，却情景交融，高旷绝伦。诗人移情于物的手法运用得特别成功，具有物我同怀的效果。

四、与戏剧一样，李渔的一些诗歌也很恢谐。如《语虔州兵士》：

古来善饭者，莫若廉将军。古来善睡者，惟有陈仙人。
不意当吾世，复出一虎贲。陈抟与廉颇，合而为一身。

一饭近斗粟，肉则不计斤。其余诸饼饵，琐屑不足吞。
吃饭如用兵，大类韩王孙。多多益称善，少则减精神。
耐饱亦耐饥，腹可三日贫。食罢辄思睡，稍迟多欠伸。
头未即枕席，声已震乾坤。人尝失匕箸，误作雷声闻。
大眠无晦朔，小寐失晨昏。非呼不能觉，觉必逢怒嗔。
若无军事扰，使作葛天民。焉知不神仙，一觉数百春。
我说乃常理，与君当别论。朝廷养士卒，皆为立功勋。
既食兼人食，宜勤万里勤。廉颇诚可法，莫法希夷陈。

以诗来讽刺一位能吃饭能睡觉（但不能打仗）的士兵，真要令人笑破肚皮。

又如《捕虱》第二首：

人身一虫穴，皮囊不自保。生前虫生多，死后虫生少。
死惟一种蛆，生前虮虱蚤。更有蚊与蝇，昼夜将身搅。
居以我为宅，食以我为粮。暂离为游览，随入恣徉狂。
倦或思假寐，仍以我为床。诸虫尽势利，畏乐喜憔悴。
贫贱肆欺凌，富贵辄回避。不若死后虫，啮不论穷通。
千金置一棺，奉为死者宫。焉知含殓后，不与贱者同。
此厄均不免，公道惟此公。蚊蚤虮虱辈，允宜拜下风。

写的不过是捕捉身上的跳虱这样一件琐细之极的小事，然而却用嬉笑诙谐的笔调写出了无论贫富贵贱，死后臭皮囊都将难逃被蛆虫吃掉的命运，从而说明了富贵荣利到头来全是一场空的哲理。这样的题材还真是闻所未闻！

再看《书所闻》：

东家笑声喧，西家哭声苦。笑因子媳贤，哭为儿孙赌。
输钱致奇穷，食缺衣难补。笑者善贸易，肥甘日盈釜。
我适居其中，无喜亦无怒。仅有润笔钱，并无卓锥土。
大儿难纵博，幼子未商贾。赖此得平安，鼓吹借两部。
日聆啼笑声，为之歌且舞。

顾梁汾评曰："真耶？寓耶？绝妙口技。"佟碧枚评曰："笠翁此等诗，置《长庆集》中，当不复辨。”

李渔在词学领域，也很有贡献。让我们先来看看李渔所作《耐歌词自序》：

今日之世界，非十年前之世界；十年前之世界，又非二十年前之世界。如三月之花，九秋之蟹，今美于昨，明日复胜于今矣。于何见之？曰：见于文人之好尚。三十年以前，读书力学之士，皆殚心制举业，作诗赋古文词者，每州郡不过一二家，多则数人而止矣；馀尽埋头八股，为干禄计。是当日之世界，帖括时文之世界也。此后则诗教大行，家诵三唐，人工四始，凡士有不能诗者，辄为通才所鄙。是帖括时文之世界，变而为诗赋古文之世界矣。然究竟登高作赋者少，即按谱填词者亦未数见，大率皆诗人耳。乃今十年以来，因诗人太繁，不觉其贵，好胜之家，又不重诗而重诗之馀矣。一唱百和，未几成风。无论一切诗人皆变词客，即闺人稚子，估客村农，凡能读数卷书、识里巷歌谣之体者，尽解作长短句。更有不识词为何物，信口成腔，若牛背儿童之笛，乃自词家听之，尽为格调所有，岂非文字中一咄咄事哉？人谓诗变为词、愈趋愈下，反以春花秋蟹为喻，无乃失其伦乎？予曰不然，此古学将兴之兆也。曷言之？词必假道于诗，作诗不填词者有之，未有词不先诗者也。是诗之一道，不求盛而自盛者矣。且焉知十年以后之词人，不更多于十年以前之诗人乎？往事可观，必有以少为贵者矣。四声八韵，视为已陈之刍狗，必不专尚；所未专尚者，惟古文词一道耳，何虑汉之班、马，唐之韩、柳，宋之欧、苏，不复见于来日乎？予故曰古学将兴之兆也。

今天下词人树帜，选本实繁，予既应坊人之求，有《名词选胜》一书梓以问世，不日成之矣。乃坊人又谓：近日词家，各有专集，莫不纸贵鸡林。子为当今柳七，曲弊歌儿之口、书饱文人之腹，所未公天下者，惟《花间》、《草堂》一派耳。盍倾囊授我，使得悬诸国门？予谓从前浪播，特瓦缶雷鸣耳。洪钟既出，焉用土鼓为哉？坊人坚索不已，遂不获终藏予拙。既受而询其名，予谓是书无他能事，惟一长可取，因填词一道，童而习之，不求悦目，止期便口，以“耐歌”二字目之可乎？所耐惟歌，馀皆不耐可知矣。昔郭功父自诵其诗，声震左右，既罢，问东坡曰：“有几分来地？”东坡曰：“七分来是读，三分来是诗。”予词之耐歌，犹功父之诗之便读，然恐质诸东坡，权其分两，犹谓七分则有馀，三分尚未足，又将奈何！

时康熙戊午中秋前十日。湖上笠翁李渔漫题。

在中国文学史上，唐宋词原来都是能歌唱的。但从南宋以后，唱法逐渐失传，词变成了与诗文一样的案头读物。到了清初，李渔重以“耐歌”自矜，这确实是了不起的，这在当时应当算是一项重大的革新。

李渔在《名词选胜序》中又说：

文章者，心之花也；溯其根荄，则始于天地。天地英华之气，无时不泄。泄于物者，则为山川草木；泄于人者，则为诗赋词章。故曰：文章者，心之花也。花之种类不一，而其盛也亦各以时，时即运也。桃李之运在春，芙蕖之运在夏，梅菊之运在秋冬。文之为运也亦然：经莫盛于上古，是上古为六经之运；史莫盛于汉，是汉为史之运；诗莫盛于唐，是唐为诗之运；曲莫盛于元，是元为曲之运。运行至斯，而斯文遂盛；为君相者特起而乘之，有若或使之者在，非能强不当盛者而使之盛也。

不知者曰：“唐以诗论才而诗工，宋以文衡士而文胜，元以曲制举而曲精。”夫元实未尝以曲制举，是皆妄言妄听者耳。夫果如是，则三代以上未闻以作经举士，两汉之朝不见以编史制科，胡亦油然、勃然，自为兴起而莫之禁也？文运之气数验于此矣。

予为是论，盖以言乎今日之词云。自有词之体制以来，未有盛于今日者。虽曰词始于唐而盛于宋，然唐、宋之工此者，自屯田、眉山、淮海、清照、稼轩而外，指不数屈。继起而建标立极者虽不乏人，然考其姓名，总不越《花间》、《草堂》、《尊前》、《兰畹》之四集，较之历代诗人之数，不及百一，此何故哉？

盖以词名“诗馀”，似必诗有馀力，而后为之；夫既诗矣，焉得复有馀力哉？不意传至于今，啸歌之外，靡事可为，才彦精灵，悉无所寄。即使未有填词一道，犹将创而为之，若屈原之于骚，相如之于赋，东篱、实甫诸人之于杂剧，皆前此未有而自我作之；矧成法具在，作者寥寥，有不起而修废举坠、扬徽振响，以鼓一代之休明者哉！虽然，此非有科名诱之于前，夏楚督之于后，莫知其然而尽然，非运为之，谁为之乎！执此证吾言，谬乎？非谬乎？

十年以来，名稿山积，缮本川流，坊贾之捷于居奇者，欲以陶朱、猗顿之合谋，举而属诸湖上翁一人之手。噫，谬矣哉！文之盛衰，犹视乎运，岂书之传否，我得自为政乎？况当世名贤之司月旦者，莫不秉运而起，选有定本，悬之国门。

予高才捷足，一无可恃，鹿死于前，而犹驰逐于后，不为先入关者笑乎？坊人固请不已，爰有是刻。名曰“选胜”，盖以诸选皆胜，而我拔其尤，是犹胜人之胜，非敢胜人之不胜也。

毛稚黄评：“论文运之盛衰，真具千百年眼。笔趣骀宕，如泛春湖。”

尤侗为《名词选胜》作序曰：“武林李子笠翁，能为唐人小说，尤擅金元词曲，吴梅村祭酒尝赠诗云：‘江湖笑傲夸齐赘，云雨荒唐忆楚娥。’盖实录也。辛亥夏，来客吴门，予与把臂剧谈，出其枕中秘，所见有过所闻者。乃知志怪之书，回波之唱，未足尽我笠翁矣。今冬复寄《名词选胜》，而征予序。予读之，诧曰：笠翁又进矣！笠翁精于曲者也，故其论词，独得妙解，而与予见合如此。然自此选出，人将俎笠翁于《花》、《草》之间，不复呼曲子相公矣。予又曰：犹未足尽我笠翁也。试与之言诗，笠翁当更进矣。”（载《西堂杂俎三集》卷三）《名词选胜》是李渔晚年对词学的重要贡献，是全面研究李渔不可缺少之重要著作，可惜至今未能见到此书。《菊庄词话》记载：“湖上笠翁曰：仆方纂《名词类隽》、《名词选胜》二书，皆以平淡为宗。”丁药园《窥词管见》眉评说：“笠翁又有《名词类隽》一书，继此而出。简首亦载《窥词管见》数十则。有功诗学，大率类此。”现二书皆未能见到，让我们从《窥词管见》中摘引数则来较全面地看看他的词学观：

第一则

作词之难，难于上不似诗，下不类曲，不淄不磷，立于二者之中。大约空疏者作词，无意肖曲而不觉仿佛乎曲；有学问人作词，尽力避诗而究竟不离于诗。一则苦于习久难变，一则迫于舍此实无也。欲为天下词人去此二弊，当令浅者深之，高者下之，一俯一仰，而处于才不才之间，词之三昧得矣。

第四则

词当取法于古是已，然古人佳处宜法，常有瑕瑜并见处，则当取瑜掷瑕。若谓古人在在堪师，语语足法，吾不信也。试举一二言之：唐人《菩萨蛮》云：“牡丹滴露真珠颗，佳人折向筵前过。含笑问檀郎：花强妾貌强？檀郎故相恼，只道花枝好。一面发娇嗔，碎挼花打人。”此词脍炙人口者素矣，予谓此戏场花面之态，非绣阁丽人之容。从来尤物，美不自知，知亦不肯自形于口，未有直夸其美而谓我胜于花者，况揉碎花枝，是何等不韵之事，挼花打人是何等暴戾之形，幽闲之义何居？温柔二字安在？陈后主《一斛珠》之结句云：“绣床斜倚娇无那，烂嚼红绒，笑向檀郎唾。”此词亦为人所竞赏，予曰此娼妇倚门腔，梨园献丑态也。嚼红绒以唾郎，与倚市门而大嚼、唾枣核瓜子以调路人者，其间不能以寸。优人演剧，每作此状以发笑端，是深知其丑而故意为之者也。不料填词之家竟以此事谤美人，而后之读词者又止重情趣，不问妍媸，复相传为韵事，谬乎？不谬乎？无论情节难堪，即就字句之浅者论之，“烂嚼”、“打人”诸腔口，几于俗杀，岂雅人词内所宜？后人作《春绣》绝句云：“闲情正在停针处，笑嚼红绒唾碧窗。”改“烂嚼”为“笑嚼”，易“唾郎”为“唾窗”，同一事也，辨在有意无意之间，不啻苏合、蜣螂之别矣。古词不尽可读，后人亦能胜前，迹此可概见矣。

丁药园评：“具此明眼，方可读古人书；有此快笔，始可论天下事。”

第五则

文字莫不贵新，而词为尤甚。不新可以不作，意新为上，语新次之，字句之新又次之。所谓意新者，非于寻常闻见之外，别有所闻所见而后谓之新也。即在饮食居处之内，布帛菽粟之间，尽有事之极奇，情之极艳，询诸耳目，则为习见习闻；考诸诗词，实为罕听罕睹；以此为新，方是词内之新，非《齐谐》志怪、《南华》志诞之所谓新也。人皆谓眼前事、口头语都被前人说尽，焉能复有遗漏者？予独谓遗漏者多，说过者少。唐宋及明初诸贤既是前人，吾不复道；只据眼前词客论之，如董文友、王西樵、王阮亭、曹顾庵、丁药园、尤悔庵、吴菌次、何醒斋、毛稚黄、陈其年、宋荔裳、彭羡门诸君集中，言人所未言，而又不出寻常见闻之外者，不知凡几！由斯以谭，则前人常漏吞舟，造物尽留余地，奈何泥于“前人说尽”四字，自设藩篱，而委道旁金玉于路人哉！词语字句之新亦复如是，同是一语，人人如此说，我之说法独异；或人正我反，人直我曲；或隐跃其词以出之，或颠倒字句而出之，为法不一。昔人点铁成金之说，我能悟之，不必铁果成金，但有惟铁是用之时，人以金试而不效，我投以铁，铁即金矣。彼持不龟手之药而往觅封侯者，岂非神于点铁者哉？所最忌者，不能于浅近处求新，而于一切古冢秘笈之中搜其隐事僻句，及人所不经见之冷字，入于词中，以示新艳，高则高，贵则贵矣，其如人之不欲见何！

方绍村评："笠翁著述等身，无一不足点铁，此现身说法语也。钟离以指授人，人苦不能受耳。"

第八则

词之最忌者，有道学气，有书本气，有禅和子气。吾观近日之词，禅和子气绝无，道学气亦少，所不能尽除者，惟书本气耳。每见有一首长调中，用古事以百纪，填古人姓名以十纪者，即中调、小令亦未尝肯放过古事，饶过古人。岂算博士、点鬼簿之二说独非古人古事乎？何记诸书最熟，而独忘此二事，忽此二人也？

若谓读书人作词，自然不离本色，然则唐宋明初诸才人亦尝无书不读，而求其所读之书于词内，则又一字全无也。文贵高洁，诗尚清真，况于词乎？作词之料，不过情景二字，非对眼前写景，即据心上说情，说得情出，写得景明，即是好词。情景都是现在事，舍现在不求，而求诸千里之外，百世之上，是舍易求难，路头先左，安得复有好词！

毛稚黄对《窥词管见》总的评论是："词学少薪传，作者皆于暗中摸索。笠翁童而习此，老犹不衰，今尽出底蕴以公世，几于暗室一灯，真可谓大公无我。是书一出，此道昌矣。"毛稚黄即毛先舒，是清代杰出的词学家，他对李渔论词之作评价如此之高，可见李渔在词学上的成就之突出。

李渔论词，重视学古人之词，必须有所取舍，必须取其精华，舍其糟粕；他所说的创新，绝不是去追异逐怪，而是"言人所未言，而又不出寻常见闻之外"，仍是平常的情景，只是要注意被一般人所忽略的情景；他反对词中有书本气，是要求从现实生活中去寻求新的情景。所有这些，都是符合词的创作规律的极精彩的见解。

李渔自己的词作，是他的词学观的最好体现。请看《忆王孙·山居漫兴》二首：

满庭书带一庭蛙，棚上新开枸杞花。童汲清泉自煮茶。不输他，锦坐珠眠富贵家。

不期今日此山中，实践其名住笠翁。聊借垂竿学坐功。放鱼松，十钓何妨九钓空。

山居生活的悠闲自在、自得其乐，写得多么真切而耐人寻味！

又如《河满子·感旧四时词忆乔姬在日》：

记得落英时候，与人同坐芳絪。把酒送春春不去，依然柳媚花颦。绣榻易来春晓，画眉难得黄昏。

记得流萤天气，有人爱拍轻罗。月下吹箫忘夜短，晏眠好梦无多。红日三竿补漏，清风一觉成魔。

记得黄花开后，有人惯谑陶潜。伪作白衣人送酒，无言但露纤纤。愁处能令笑发，穷时似觉财添。

记得雪深三尺，有人煨芋忘眠。素霭每从歌口出，教人误作香烟。寒暑未停丝竹，温和肯废筝弦？

这四首词写得细腻、真切，活画出乔姬这位少女演员温情脉脉、多才多姿的身影。写得多么自然，又多么精彩！余霁岩评：“四幅士女图，皆从虚字中画出。如‘易来’、‘难得’、‘惯谑’、‘伪作’、‘能令’、‘每从’等字，悉是苏公（按指苏东坡）描影手。”

又如《生查子· 闺人送别》二首：

郎去莫回头，妾亦将身背。一顾一心酸，要顾须回辔。 回辔不长留，越使肝肠碎。早授别离方，睁眼何如闭。

樽中酒已空，去解青骢马。惨杀此时情，泪重浑难洒。 欲不看登程，送别胡为者？觑上宝雕鞍，不觉心如剐。

写恋人离别时，想回头又怕回头、想看登程又怕看登程的矛盾心理，多么细腻而传神！王安节评："无限苦情，数笔勾出。"方邵村评："'剐'字极俚，而用之甚雅。"

又如《昭君怨·海棠盛开》：

三日卧床医嗽，不觉海棠红透。无语向枝头，代花愁。 开到春光八九，明日阴晴知否？急急倩人看，莫遮拦。

不仅活画出病中恋花的心情，而且还蕴含禅味。尤悔庵评："达者名言，借花说法。"

李渔的旅游写景词也颇有情趣。如《浪淘沙·舟中望彭泽县》：

无寺有钟鸣，峦屿层层。白云偏向翠中生。百道涧泉流不歇，直接江声。 仿佛见山城，又只星星。挂冠彭泽旧知名。吏隐此中如避世，何不留行？

不仅写景如画，还抒发了对在彭泽辞官归隐的陶渊明的崇敬之情。

《浪淘沙·顺风过大小二孤山，俱不及泊》：

帆急势如奔，得失相均。好山空与目为邻。引得二孤愁欲绝，双黛含颦。 目送过江云，缓度成雯。无心愧煞有求人。一日纵行千万里，俗煞风尘。

将景物与当时心境打成一片来写，颇耐人寻味。

即使写作带有文字游戏性质的宝塔词《一七令·月》，也颇有情趣：

月
汝来
听说

爱伊盈
愁尔缺
盈倩谁添
缺遭谁割
昭昭世所憎
混混人争悦
夜何时兮尚明
不汝夺兮谁夺
一岁难容十二番
好凭风雨深藏拙

在对月亮阴晴圆缺的描写中，隐藏着词人对世情的不满和揶揄。

再看下面两首《虞美人》，一首是《虞美人·问情》：

不知情是何人造？沁骨弥心窍。当年作俑岂无人，好倩阎罗天子代勾魂。　问他人各分男妇，何用心相顾？些儿孽障古传今，那得绣针十斛刺他心？

一首是《虞美人·问愁》：

愁来愁来吾讯汝：谁是伊行祖？好将萌蘖诉当年，为甚无端忽起欲炉煎？　虽云人自生烦恼，也为愁魔搅。必求上帝铲愁根，不使昏沉白日老乾坤。

“情”与“愁”都是难以捉摸的虚物，李渔采用拟人手法居然既将其写得十分具体可感，又具有极大的概括力度。所以前人对其作了高度的称扬。余霁岩评曰：“问情问愁，题新而想别。然非此绝妙好辞，乌足以称！悬揣笠翁握笔时，一有是题，即有是词；词自来作笠翁，非笠翁往作词也。”

诙谐幽默的风格在词中表现得很突出。如《玉楼春·双声》：

爱爱怜怜还惜惜，由衷细语甜如蜜。问他曾否对人言，附耳回云密密密。　问他失约待何如？俯首招承责责责。从来说话少单声，道是情人都口吃。

居然以口吃来形容情人之间说私房话时的情景，不仅极其生动逼真，也极有情趣，因为它来自生活。

再请看《一剪梅·送穷戏作》：

三杯浊酒助行鞭，只可今年，切勿来年。是神是鬼尽飘然，神上青天，鬼赴黄泉。　阎罗上帝也无钱，莫听移迁，又到人间。旧家门户再来难，前阻银山，后隔珠渊。

毛会侯评曰："诙谐至此，几使曼倩无舌。"曼倩即汉代以诙谐幽默出名的东方朔，意思是李渔的诙谐幽默完全超过了东方朔。

李渔写词颇能学习借鉴前人，如《临江仙·闺愁》：

小阁疏帘花睡醒，与人寥落相依。晨鸡听到午鸡啼，两餐空告熟，前后总忘饥。　满腹装愁挨到晚，消磨十二良时。闭门不放燕双归，巢中惟一个，也使学孤栖。

曹秋岳评曰："得法稼轩（辛弃疾），益以疏宕。"丁药园曰："予作此调，有云'怪他燕子故双飞'，此云'闭门不放燕双归'，更为婉致。真惭瑜、亮（真像周瑜因不如诸葛亮而感到惭愧啊）。"李渔学习了辛弃疾无理而有情的写法：人由于在单相思中苦苦煎熬，居然妒恨燕子能双栖，闭门让燕子也尝尝孤栖的滋味。真是将相思的恋人之苦写足了！

又如《蝶恋花·黄梅雨》：

时到黄梅天作祟，梅子将酸，天早沾其味。雨雨风风都只为，妒花不许将人媚。　花掩啼痕天越恚，还道妆乔，故洒无愁泪。逐到人前无可避，去随流水心方遂。

何醒斋评曰："秦九（秦观）、柳七（柳永），无此新鲜。"评者认为李渔此词的新鲜程度超过了宋代著词人秦观与柳永。可见李渔能在学习前人的基础上不断创新。

《钗头凤·初见》写封建社会中姑娘相亲时的神态，真正是活灵活现：

郎心幻，风流惯，初来未许将人看。屏风塞，纱窗隔，中庭端坐，茶汤羞吃。客！客！客！　　才窥见，神情变，眼光直射如飞电。明相揖，私相识，窥人不见，赞声难得。贼！贼！贼！

所以胡彦远评曰："必作者少年场实事，非贼口亲招，不能尽此狡狯。"

李渔的咏物词，也有过人之处。如《唐多令·蛩》写蟋蟀的鸣叫声：

尽有闷时光，悲秋着甚忙？未黄昏，先试愁腔。明识离人听不得，偏侧近，独眠床。　　趋避入回廊，随人脚又长。月明中，倍觉凄凉。怎得梦魂离却汝，声断处，即家乡。

没有过远离家乡苦苦思恋家乡的亲历经验，是决然写不出这样的作品的。梁冶湄评曰："启口十字，画出一片蛩声。真绘风镂月手！"

李渔咏物词的过人之处在于借咏物抒写他的感情，而不是为咏此物而咏物。如《江城子·夜行赠月》：

江南明月喜随人，逐芳尘，指迷津，渡水过桥，紧护夜游身。不似昨宵瓜步月，才数里，便藏云。　　明朝虽与暂时分，约黄昏，会吴门，相近枫桥，觅个有花村。由我踏歌谁禁夜，酹数盏，谢殷勤。

写得如此情韵绵邈，仿佛所述不是天上的月亮，而是极亲密的旅游向导。

李渔极善于在常情常景中挖掘出极不平常的内容。如《酷相思·春闺》：

人喜人愁天不顾，一样把芳春布。怪酒痕泪点皆成露。人在也花千树，人去也花千树。　　花愈欢欣人愈苦，盼断归来路。若再得相逢难自误。爱我也留他住，恨我也留他住。

余澹心评曰："语浅愈深，语拙愈巧，语平愈奇，总在人思索不到处。"

李渔在词中也常常借题发挥，或揭露世道的阴暗面，或发泄诗人的愤懑情。如《一丛花·题画》：

绝无人处有人家，不畏虎狼耶？因避人间苛政苦，才甘受，猿鸟波喳。还怕招摇，只愁牵引，不敢种桃花。　主人闲出课桑麻，带便饵鱼虾。钓竿闲着何曾使，为看云，忘却生涯。笑指溪山，叮咛童子，切莫向人夸。

既真切地写出了画中的内容，十分切题，又揭露了苛政扰民的社会阴暗面，一笔两用，既含蓄，又犀利。

李渔词大多婉约多姿，但也有慷慨激昂之作。如《念奴娇·登燕子矶与黄无傲同作》：

秣陵雄胜，有矶名燕子，倚江为麓。临去系舟登一度，胜买画图千幅。水自巴山，舟来巫峡，远近分迟速。溯流直上，千里未穷双目。　料得王谢当年，行惯车轮熟。鸟语涛声皆当乐，何必更偕丝竹。人物风流，江山奇丽，千古谁能续？两家燕子，不知今在谁屋？

白仲调评曰："淋漓慷慨，唾壶口缺，燕子欲飞！"

有一首《天仙子·示儿辈》，是李渔教育儿辈如何学文的：

少小行文休自阻，便是牛羊须学虎。一同儿女避娇羞，神气沮，才情腐，奋到头来终类鼠。　莫道班门难弄斧，正是雷门堪击鼓。小巫欲窃大巫灵，须耐苦，神前舞，人笑人嘲皆是谱。

从这首词中可以看到李渔对自己所从事的事业充满自信，"正是雷门堪击鼓"，"小巫欲窃大巫灵"，正是有如此高的追求，才能达到如此高的成就，当然其中少不了"须耐苦"精神的灌注。

李渔的楹联创作成就

对联是中国所特有的一门艺术，它最基本的特征是上下联字数必须相同，意思与文字必须两两相对。所以，只有方块汉字才能做到这一点，其他任何拼音文字都无法做到。

对偶的辞句在我国上古的文献中就已出现，后来才在诗赋中大量运用。刘勰《文心雕龙·丽辞》中说：

造化赋形，支体必双，神理为用，事不孤立。夫心生文辞，运裁百虑，高下相须，自然成对。唐虞之世，辞未极文，而皋陶赞云："罪疑惟轻，功疑惟重。"益陈谟云："满招损，谦受益。"岂营丽辞，率然对尔。《易》之《文》、《系》，圣人之妙思也。序《乾》四德，则句句相衔；龙虎类感，则字字相俪；乾坤易简，则宛转相承；日月往来，则隔行悬合；虽句字或殊，而偶意一也。至于诗人偶章，大夫联辞，奇偶适变，不劳经营。自扬马张蔡，崇盛丽辞，如宋画吴冶，刻形镂法，丽句与深采并流，偶意共逸韵俱发。至魏晋群才，析句弥密，联字合趣，剖毫析厘。

意思是说：造化赋予人们的形体，肢体总是成双的；神明表现在实用中，事物总不是单独的。所以人心发为辞章，或者考虑百事百物，总是把高下配合起来，自然成偶成对的。言辞中的对仗更是如此。

自从唐代近体诗定型以后，律诗中必用联句。诗人更是精心研讨，务求精巧。虽说门联的出现，起源于五代后蜀的孟昶，但联句在诗赋中运用已有悠久的历史。故尔它根基深厚，源远流长。

李渔现存楹联近两百副，约可分为题咏、自题和赠人三类。前人对李渔的楹联评价极高。纪橥子评曰："诸联少则十馀字，多亦不越三十字，其间议论叙事，波澜曲折，无所不有，可作一篇大文字，又可作两篇大文字。如此快笔，得未曾有！"施匪莪评曰："凡作壁间联句，须有别才，文人之中，尽有事事擅长，而独艰于此者。笠翁诸联，无语不臻至极，千古上下，独步何疑！"

李渔常为名胜古迹撰写楹联。如《禹陵》联：

菲饮食而致孝乎鬼神，旧传飞鸟耘田，庶物效灵，宜受鬼神报答；

卑宫室而尽力乎沟洫，兹向名山立庙，百王来祀，愈增宫室嵯峨。

上联根据民间传说，李渔在题下自注："鸟耘田事，载《吴越春秋》及《水经注》诸书。田在庙下。天美禹德而劳其功，使百鸟耘田，春拔草根，秋啄其秽。是以县官禁民不得妄害其鸟，犯则刑无赦。"下联写后人对禹治水的褒扬。楹联写得既得体又富有文采。

再看《分水龙王庙》联（题下自注：汶水出自泰山，至此判而为二，南北分流。往来舟航至此，皆随湍直下；不似他境之水，势不能兼，此顺则彼逆也）：

东流西注，分去尽作安澜。神道之至公，类如是矣；

南往北来，到此齐臻顺境。天地之无憾，其在斯乎！

方邵村评曰："是赋，是记，无限大文章，尽三十八字中，异才也！"

再看他为名胜所作楹联。如《郑氏草堂》联：

鸣禽响瀑，万籁齐喧，谁云山静似太古？

把钓观棋，一朝即过，不信日长如小年。

《越望亭》联：

若耶溪上，泛者去来不止，何如游此地乎，静听争流之万壑；

山阴道中，苦于应接不暇，是以建斯亭也，坐观竞秀之千岩。

这简直就是两首意境极美的诗，读了令人觉得齿颊生香！

再看《黄鹤楼》与《晴川阁》二联，是李渔的得意之作。《黄鹤楼》联：

仙家自昔好楼居，吾料乘黄鹤者去而必返；

诗客生前多羽化，焉知赋白云者非即其人？

《晴川阁》联：

终日凭栏俯翠涛，不变古今灏瀚者，惟留此水；

当年对岸飞黄鹤，好看神仙出没者，莫若斯楼。

《黄鹤楼》联极富想象力，读后使人浮想联翩；《晴川阁》联颇含哲理，读后令人沉思悟道。

李渔赠人之联常能显出对方身份、个性，就如传神的人物画。如《赠冯易斋相国二联》：

门无私谒，座少杂宾，观四壁清风，初到不知丞相府；

烛有金莲，庭馀赤舄，瞻五云瑞气，徐思方识宰臣家。

其二（题下自注：公置万柳庄于都门，不肯私为己有，与缙绅、士民共之）：

昔日植三槐，翠幕已经高百尺；

此时栽万柳，绿阴又可庇千家。

陆左辖评曰："笠翁作联，如绘小像。且能使肝肠毕露，须眉俱动。真颊上三毛手也！"意思是说，李渔抓住了所赞人物的特征，故尔写得特别生动传神。

《赠朱修龄典籍》联：

许多缺陷倩谁修？赖豪杰登坛，惯作补天娲氏；

无限分离从此合。喜神仙出世，现为缩地长房。

题下自注：“难民被掠之妻女不下数千人，为夫与父者欲赎无资，纷纷号泣于路。修龄代作秦庭之哭，在上诸公义之，尽捐俸以倡。董其事者，修龄一人，使各完破镜而去。”此联专咏朱修龄这个义举，使朱的形象跃然于纸上。

同样是赠文官，《章广文》联是这样写的：

评古史，阅今文，才识如斯，尽可任千秋事业；

行可传，言足法，规模若此，真不愧一代师儒。

而《叶广文》联又是另一种写法：

年十五而为人师，当时仅见文中子；

岁三九而选博士，今朝复睹汉终军。

同样是医生，《闵士先医士》联是这样写的：

学精术也精，名士名医随客唤；

人寿己亦寿，仙桃仙杏逐年栽。

《凌颖仙医士》联又是另一种写法：

贮百千医案于胸中，临疾兢兢，犹似捡方未到；

活数万婴儿于指上，虚衷歉歉，还云济事难周。

至于自撰联，芥子诸联已见于前文，不赘。兹再举一联于下，《戏题金陵闸旧居》联：

二柳当门，家计逊陶潜之半；

双桃钥户，人谋虑方朔之三。

题下自注：“门外二柳，门内二桃，桃熟时人多窃取，故书此以谑文人。”以陶渊明、东方朔自比，非常切合李渔的身份，联语且诙谐有趣，的确是笠翁风度！

李渔的骈文散文创作成就

李渔的骈散文包括赋、序、记、传、赞、辩、说、疏、券、铭、引、跋、文以及书信等，形式复杂多样，内容也相当丰富。本书的评述，无法面面俱到，只能择要介绍。

李渔的赋前人评价颇高。汪蛟门评曰：“他赋可以不读，笠翁赋不可不读，其赋前小序尤不可不读。”

如《归故乡赋》：

昔江淹作《去故乡赋》，鲍照作《游思赋》，皆浪游之针砭也。予少年作客，老大言归；深阅行迈之艰，始识归休之逸；爰作《归故乡赋》。赋曰：

逸莫逸兮故园栖，欢莫欢兮游子归；怅独怅夫岁月迈，嗟复嗟此时事非。于时山川蜿蜒，跋涉流连；辛贫毕谙，足茧鞋穿。寒飙锥骨，阴霭翳天，马头霜辣，仆背雨酸。岁云徂兮客缘尽，资告竭兮游兴阑；归期迫兮心转亟，家山见兮到转难。

至乃鸡犬欢迎，山川相识。农辍锄以来欢，渔投竿而相揖。骚朋韵执，索佳句子奚囊；逸叟闲夫，访新闻于异国。家无主而常扉，草齐腰而没膝。燕迁旧垒之巢，鹊喜新归之客。虫网厚兮如茧，蜗迹纷兮如织。书破蠹肥，花稀棘密。妻颜减红，亲发增白。幸犹归之及今，悔长征之自昔。若之何去家族兮如仇，以秦越兮为邮。恃丁年而役役，岂长夏而不秋？

已焉哉！男子生兮，弧矢四方。世莫予宗兮，盍归父母之邦？采兰纫佩兮，观瀫引觞。与鼎食而为萍为梗兮，宁啜菽而为梓为桑者也。

此赋对远离故乡的怅恨与返归故乡的欢欣都写得很充分，很感人。黄无傲评曰："与柴桑《归来》一辞，同其怡悦。予每于久客初归，有此乐境，此赋先得我心。"

李渔是一位美食家，所以在他的赋中，有《蟹赋》、《荔枝赋》、《杨梅赋》、《福桔赋》、《燕京葡萄赋》、《苹婆果赋》、《真定梨赋》等，都写得很精彩。

李渔为自己或别人的著作写过不少序，提出过许多精辟的见解，前文已多所涉及。现对未涉及的，补叙一二。如《覆瓿草》序：

《覆瓿草》维何？家仲石庵之诗文也。诗文而以"覆瓿"名，虽曰作者之谦词，以予视之，似奋天下人之见书弗读，辄以覆瓿，若秦一世之尽付祝融，绝无去取之可恨耳。

书之可使覆瓿者众矣。予谓未读其书，先视其人，其人碌碌无所短长，则其书可以读，可以弗读。然而不以人废言，夫子又尝言之，至其人为君子，则君子之言矣，听君子之言而"褎如充耳"（充耳不闻），可乎？

予家石庵，君子人也。事亲孝，事兄悌，其为吏也廉，其为友也信；至居家庭，待妻若子雍雍穆穆，又无俟言矣。其宰建德，宏猷丕著，惜以细故谪官，予作一联赠之曰："才奇而肝胆俱奇，惯以热肠加冷士；官左而襟怀未左，偏于忙处理闲情。"识者谓此一联，可作石庵一幅小像。其人如此，其言可知。大率清真超逸，自抒情灵，不屑依傍门户；但恨其少耳。然石庵之诗文，勇于作而懈于收，往往散漫于邺架之外，臧获辈不知，悉以委去。是他人不似覆瓿而自甘覆瓿，故病其少。若是，则"覆瓿"二字，即谓石庵自道其实也亦可。

这是为李石庵诗文集写的一篇序，专在“覆瓿”二字上做文章。“覆瓿”原是指无用的书只能当废纸用来盖酱缸。序文先讲李石庵将自己的诗文集命名为《覆瓿草》是谦虚的意思，但又何尝不是愤慨天下人不分青红皂白把所有的书都去“覆瓿”呢？这是翻出的第一层新意。接着，又说书是否可以“覆瓿”，要看写书的人人品如何，这是翻出的第二层新意。最后说到君子人写的书决不可以“覆瓿”，并顺着这层新意对李石庵的为人和此书的特点作了介绍。一篇短短的书序，文情跌宕，一波三折，李渔真是文章能手啊！

李渔也为人写了不少祭文，也别出心裁，令人瞩目。如《季太翁万太夫人双祭文》中有这样一段妙文：

即今讣音一出，哀动中原，白马素车，充塞道路，延令一城，竟为衣冠丛集之薮。但见雷霆轰轰，儿孙哭也；冠裳跻跻，吊客临也；琮璜熠熠，明器设也；珍错离离，俎豆陈也。人生得此，夫复何憾。太翁、太母驾仙驭而临之，方抵掌欢笑之不暇，尚隔幽冥而与儿孙对泣乎哉？

李砚斋评曰：“以庆贺体作哀挽词，妙绝千古，是当与前人贺失火文并传。”

《记》一类文章，多有佳作，如《严陵西湖记》、《黑山记》、《登燕子矶观旧刻诗词记》、《梦饮黄鹤楼记》，前文已评述过，不赘。

传记文仅四篇：《秦淮健儿传》、《义士李伦表传》、《乔复生王再来二姬合传》、《朱静子传》。都写得十分精彩生动。《乔复生王再来二姬合传》前文已评述过，现再将《秦淮健儿传》介绍一下：

嘉靖中，秦淮民间有一儿，貌魁梧，色黝异。生数月便不乳，与大人同饮啜，周岁怙恃交失，鞠于外氏。长，有膂力，善拳击，尝以一掌毙一犬，人遂呼为“健儿”。与群儿斗，莫不辟易，群儿结数十辈攻之，健儿纵拳四挥，或啼或号，各抱头归诉其父兄。父兄来叱曰："谁家犺犬，敢与老子相触耶！"健儿曰："焉敢相触？为长者服步武之劳则可耳。"乃至父兄前，以两手擎父兄两胫去地二尺许，且行且止，或昂之使高，或抑之使下，父兄恐颠仆，莫敢如何，但咭咭笑，乡人哄焉。

健儿性善动，不喜读书，外氏命就外傅。不率教，师夏楚之，则夺扑裂眦曰："功名应赤手致，焉用琐琐章句为！"师出，即与同塾诸儿斗，诸儿无完肤。又时盗其外氏簪珥衣物，向酒家饮，醉即猖狂生事。外氏苦之，逐于外。为人牧羊，每窃羊换饮，诈言多歧亡。主人怒，复见摈。

时已弱冠矣，闻倭入寇，乃大快曰："是我得意时也！"即去海上从军，从小校擢功至裨将。与僚友饮，酒酣斗力，毙之，罪当死，遂弃官逃之泗，易姓名，隐于庖丁。

民家有犊，丙夜往盗之，牵出，必剧呼曰："君家牛我骑去矣！"呼竟，倒骑牛背，以斧砍牛臀，牛畏痛，迅奔若风，追之莫及。次日，亡牛者适市物色之，健儿曰："昨过君家取牛者我也。告而后取，道也，奚其盗？"索之，则牛已脯矣，无可凭。市中恶少推为盟主，昼纵六博，夜游狭邪，自恃日甚。尝叹曰："世人皆不足敌，但恨生千载后，不得与拔山举鼎之雄一较胜负耳！"

邑使者禁屠牛，健儿无所事事，取向所积牛皮及骨角，往瓜、扬间售之，得三十金。将归，饮旅馆中，解金置案头，酒家翁见之，谓曰："前途多豪客，此物宜善藏之。"健儿掷杯砍案曰："吾纵横天下三十年，未逢敌手，有能取我腰间物者，当叩首降之。"时有少年数人醵于左席，闻之错愕；起问姓名、里居，健儿曰："某姓名不传，向尝竖功于边陲，今挂冠微服，牛耳于泗上诸英雄。"少年问能敌几何辈，健儿曰："遇万万敌，遇千千敌，计人而敌斯下矣。"诸少年益错愕。

健儿饮毕，束装上马。不二三里，一骑追之甚迅，健儿自度曰："殆所云豪客耶？"比至，则一后生，健儿遂不介意。

后生问何之，健儿曰："归泗。"后生曰："予小子亦泗人，归途迷失，望长者指南之。"于是健儿前驱，马上谈笑颇相得。健儿谓后生曰："子服弓矢，善决拾乎？"后生曰："习矣，而未闲。"健儿援试之，力尽而弓不及彀，弃之曰："此物无用，佩之奚为？"后生曰："物自有用，用物者无用耳。"乃引自试，时有鹜唳空，后生一发饮羽，鹜坠马前，健儿异之。后生曰："君腰短刀，必善击刺？"健儿曰："然。我所长不在彼，在此！"脱以相示，后生视而剧曰："此割鸡屠狗物，将焉用之！"以两手一折，刀曲如钩，复以两手伸之，刀直如故。健儿失色，自筹腰间物非复我有矣。虽与偕行，而股栗之状，渐不自持，后生转以温言慰之。复前数里，四顾无人，后生纵声一喝，健儿坠马，后生先斩其马曰："今日之事，有不唯吾命者，如此马！"健儿匍伏请所欲，后生曰："无用物，盍解腰缠来献！"健儿倾囊输之，顿首乞命，后生曰："吾得此一囊金，差可十日醉；子犹草莱，何足诛锄？"拨马寻故道去。健儿神气沮丧，足循循不前，自思三十金非长物，但半世英雄，败于乳臭儿之手，何颜复见诸弟兄？遂不归泗，向一村墅结庐，卖酒聊生。每思往事，辄悉悉欲死。

一日，春风淡荡，有数少年索饮。裘马甚都，似五陵公子，而意气豪纵，又似长安游侠儿。击案狂歌，旁若无人，且曰："涤器翁似不俗，当偕之。"遂拉健儿入坐。健儿视九人皆弱冠，唯一总角者，貌白皙若处子，等闲不发一言，一言则九人倾听，坐则右之，饮则先之，健儿不解其故。而末坐一冠者，似尝谋面，睇视之，则向斩马劫财之人也。谓健儿曰："东君，尚识故人耶？"健儿不敢应，后生曰："畴昔途中解腰缠赠我者，非子而谁！我侪岂攘攫者流？特于邮旁肆中，闻子大言恐世，故来与子雌雄，不意竟输我一筹。今来归赵璧耳。"遂出左袖三十金置案头曰："此母也；于今一年，子当肖之。"又探右袖出三十金共予之。健儿不敢受，旁一后生拔剑努目曰：“物为人攫而不能复，还之又不敢取，安用此懦夫为！”健儿惧，急内袖中。乃治鸡黍为欢，诸后生不肯留，归金者曰：“翁亦可怜矣，峻拒之则难堪。”众乃止。时爨下薪穷，健儿欲乞诸邻，后生指屋旁枯株谓之曰：“盍载斧斤？”健儿曰：“正苦无斧斤耳。”后生畴躇久之，曰：“此事须让十弟，我九人无能为也。”总角者以两手抱株，左右数挠，株已卧矣，遂拔剑砍旁柯燃之。酒至无算，乃辞去，竟不知其何许人。

健儿自是绝不与人较力，人殴之，则袖手不报。或曰：“子曩日英雄安在？”健儿则以衰朽谢之。后得以天年终，不可谓非后生力也。

李砚斋评曰：“事奇文亦奇。其格调与魏文《典论·自叙》不相上下。”江晚柯评曰：“世上夜郎王不少，故可作《夜郎王外传》。”周房仲评曰：“叙述有龙门家风，而起义栖理，与世遥深。岂但健儿进步，还使怜健儿者无住足处。”将此传与曹丕、司马迁的传记文相比美，由此可见李渔传记文水平之高。

李渔文集中，有二十多篇人物像赞，所赞对象，有老有少，有官有民，都写得神情逼肖，辞采飞扬。严灏亭评曰：“画像难于肖，题像更难于肖。笠翡诸赞，无不颊上三毛。即此是画，何用丹青？恐丹青之肖，正不若是之活现耳!”

《刘了庵先生像赞》（题下自注：双山给谏之封翁也。为古学名儒，举乡荐不仕，诲子及孙，皆登上第）：

坐者何人？是僧非僧；如其果是，指我迷津。人曰不然，老子后身；道非常道，名非常名。言著五千，舌则常扪。起家儒氏，足蹑青云。致君有术，用之则行；惜遇沧桑，抱志弗伸。虽曰未伸，贻厥后昆；簪缨屡世，皆属名臣。斯人也，合儒、释、道之三教于一己，萃富、寿、多男之四代于一庭。其号了庵，其姓卯金。阿谁不知，尔目犹瞠。欲向此公而问道，须再读十年，而后可游于西川夫子之门。

此赞抓住了该人“合儒、释、道之三教于一己”的特征，画出了“颊上三毛”。

又如《王茂孳像赞》：

此老何人？长眉阔颡，七尺其躯，更饶精爽。宜着锦衣，胡披鹤氅？采药何为？劳吾悬想。似识其容，沉思半晌；始知为十六年不见之茂孳，其意气、风裁，久矣见称于吾党。

斯人也，向为高儒，木鸡自养。七字吟成，万人争赏。才堪一第而故作班超；力能封侯而愿为李广。时不可为兮，即退耕南亩之云；学仙有得兮，故自劚芝田之壤。本是蓬莱顶上人，宜脱嗜欲尘中网。吾所虑者，世事纷然，英雄绝响。不无劝驾之公卿，三顾其庐而相强。料子安贫乐道之心坚，必不见猎羡鱼而技痒。

《芥子园画谱》人物（二）

毛稚黄评曰："巧中有朴，故佳。"巧者，抓住了该人外形特征，作了夸张性的描述，使读者如见其人；朴者，写其淡泊寡欲，又直说作者担心他安贫乐道之心不坚，在世俗的诱导下改变初衷。

李渔的应用文，也睿智毕现，别出心裁。如《卖山券》：

山可买乎，不可买乎？云不可买，胡无券者不得业焉？如云可买，胡有券者不得常业焉？二说究何居乎？曰：可买，第非青铜白镪所能居而有焉。青铜白镪能购其木石，不能易其精灵；能贸其肢体，不能易其姓名。然则恃何以居之？曰：恃绝德畸行，与瑰玮之诗文。其价值足与相当，则此山遂改易姓字、竭精毕能以归之，虽历古今、变沧桑，不二其主。故海内名山，皆有所属，如严陵受氏于子陵，龙冈贻称于诸葛，兰亭噪名于羲之，赤壁蜚声于子瞻，诸难枚述。自商贾仕宦以及樵旷牧竖，经其地则绎其名，不俟问津而后识。其富且贵者，虽积金与山齐，力能负之而走，终不能削前人之姓氏，而代以己名。即或业主递更，亦仅同守薪之吏、灌园之丁，为护往迹而已。若号于人曰："此山为我有也。"谁其然之？

伊山在瀫之西鄙，舆志不载，邑乘不登，高才三十馀丈，广不溢百亩，无寿松美箭、诡石飞湍足娱悦耳目，不过以在吾族即离之间，遂买而家焉。吾侪小人，既无德行可传，而诗文又不能好，第山鲜奇胜，投以鄙固之辞，亦未甚亏其价值，谬计可常有之矣。讵意兵燹之后，继以凶荒，八口啼饥，悉书所有而归诸他氏。噫，山弃人耶？人弃山耶？何相去之疾而相别之惨也！

然既卖，无事流连，乃于四至常契之外，别书一纸以遗受者曰：买是山木石肢体之铜镪，则既受之于子矣；若夫贸精灵、易姓名之价值，尚有俟焉。今人备一小物，必书其隙曰："某年月日某置"，斯他人不得攘而有之，矧百亩之山乎？且余向尝为伊山别业诗，载入集中，稍布遐迩矣，他日过此者曰："是即李子之山也。”子宁不怒？夫阳受其值而阴踞其名，是市黠也，然非旧主所能禁。子欲鼎革无难，其急登高而作赋，绕匝而寻诗，务使离奇瑰玮出余上，寿诸梨枣，胫翼人间，俾见者曰：“伊山不属李子矣？售得其人矣。”若是，余即欲阴踞其名，谁复信之？不则幸记斯言，勿咎予不白之初，而贻后言于子。

第一段论述白银可以买到山的形体，却不能改变它的姓名。并举严陵之与严子陵、龙冈之与诸葛亮、兰亭之与王羲之、赤壁之与苏东坡来说明，靠的是“绝德畸行，与瑰玮之诗文”。第二段叙述他卖掉伊山别业的过程和沉痛心情。第三段写他向买山者提出一个要求：在山隙中写上某年月日李渔曾买此山。即使对方不同意，他的伊山别业诗已收入文集中，并已广泛发布，经过此山的人都会说这是李子之山，要改变这种状况除非你自己也来写诗，并且超过我李渔。多么奇异的构思！多么奇怪的逻辑！而仔细想来，又那么合情合理。用诙谐的形式，抒发了怀才不遇的愤懑，应用文写到这种程度，李渔真是奇才、怪才！所以，范文白评论说：“杜老有浣花溪券，传诵至今，竞与天球、大贝同珍。得笠翁此文，是券中又增一天府矣。”

李渔的杂文，如《瘗犬文》、《逐猫文》、《放鹿文》等，写得犀利泼辣，入木三分。现举《瘗犬文》为例：

山居有犬，黝而硕，驯而骁，主人爱焉，字以神獒，司夜于山居有年矣。穿窬辈将有事于室中之藏，虑其咆哮以相败也，食以毒而毙诸途。主人如失左右手，乃衣以茅，棺以席，瘗于山居之侧，且为文以告之。

有客过之曰：“物蠢人灵，贵贱攸分。生靡我豢，死应我羹。今犬之死，子既宽以鼎镬之罚，予以窀穸之宁，而复载杀青从事，无乃贵庶类而自贱其文乎？”主人曰：“殆不然。凡物之不以天年终者，有德斯德之，有功斯功之，所以妥其魂魄，使不为厉也。兹犬有七德而死于忠，我哀以文，奚过焉？”客曰：

"七德云何?"主人曰:"之犬也,食人之食,贼人之贼,耻埒素餐,不偶于职,德一;心专志粹,一人是媚,不问尧、夷,非主则吠,德二;前戟后矛,矢石交投,咆哮相犯,不生是求,德三;忧勤尽瘁,不遑假寐,一家即安,只身相卫,德四;时晦则知,时明则愚,行藏合古,迥别时趣,德五;呼则来之,叱斯去之,聆音辨色,谙时识机,德六;若夫家丧业凋,粒绝烟销,亲朋见绝,邻里相嘲,尾摇摇而眷主,腹嗡嗡而耐枵,不捐凉而就热,类君子之石交,德七。具此七德,哀之以文奚过焉?"客曰:"详哉,子之体物也!予习而不察,焉往而不相失哉!"主人曰:"是既厥德,而未既厥功,吾尚为子毕奏焉。其于世也寡求,其于人也多益。播声于远,为国增繁庶之风,息响于宵,为世增太平之色,是其声系治乱也;时眠黄叶,时吠白云,破我痴梦,触我诗情,是其益效砥砺也;看云觅句,尾我登山,沽酪买书,随予入市,是其劳代臧获也;床头之剑,架上之书,未竿之竹,新种之鱼,非其绕夜相守,岂得长为我娱,是其司勤典守也。之数功者,讵不朕哉!以德若彼,以功若此,嗛嗛之文,予何吝焉!"

客三肯其首而去。

此文采用主客对话体,写犬有七德四功。言外之意,人不如犬!

李渔的书信,今存一百二三十封。这些书信,除了可作为研究李渔生平和思想的资料外,有的可当做小品文来读。现略举数篇于下。

《与梁石渠》二札:

茶味极佳,而台翰黜之以为最劣,或止观色相,而未咀尝其味邪?岂不闻"以貌取人,失之子羽"?今令仍送少许,可觅佳泉试之,有不两腋风生者,请罚曹丘生以金谷酒数。

未试而见其劣,已试亦不觉其佳,是此物与足下始终无缘，其不幸若此！虽然，足下酒人也，第知酒味而已矣，想陆羽《茶经》未尝寓目，何怪乎苍素不分？弟非左袒贾人，而敢于唐突知己，因见茗奴抱屈，不得不为白之。设有谓兰陵美酒，其价不值半文者，足下能三缄其口，不为一作不平鸣乎？

与酒徒论品茶，酒徒不知茶味，只得直言告之。又用兰陵美酒不值半文来堵其口。笠翁真机智！

《柬同学》：

吾兄自苕川归，以管城遗芝老，而以其馀及弟，可谓能均其惠矣！但我两人合而试之，不无精粗美恶之别。仰揣尊意，非有厚薄于其间，不过为芝老工书，故择其尤者以赠，弟仅涂鸦而已，即有好者，将安用之？独不思古语云："能书不择笔。"芝老能书，尽可不择；如弟者，正当择笔而授之人也。谨作相如，奉归赵璧。

有人赠送质量较差的毛笔给李渔，而将质量好的送给了另一书法家，李渔将毛笔退还，写了这封信，提出"能书不择笔"，责问他为什么将好笔送给书法家而不送给他呢？想来这位送笔者读了这封信真是哭笑不得了。而李渔个性的爽直也于此可见一斑。

《与顾硕甫》：

砚无美恶，发墨者佳，所贵乎端溪者，以其能发墨也。若徒有端溪之名，而无发墨之实，是西子而石女、潘安而寺人矣。名号虽美，将安用之？弟笔耕为业，拟购佳砚代南亩，顷得石田而不可耕，是真石田矣！烦兄缓颊，令此君易以佳者；果能发墨，即不端溪亦可。价之低昂，自可弗论，弟虽无白镪，犹有青编，持书易砚，犹之抱布贸丝。

即令发来，当出藏烟以试。

从这封论砚小札，可见李渔真是鉴定砚石的行家里手！

《复程端伯司空》：

不独评语搔着痒处，使人身变紫薇花，不觉满树俱动；即论《闲情偶寄》数语，亦似按摩家作陈抟大睡，能令人死去，又能使之活来，真快手也！

这件小札，不仅可以看到李渔虚怀若谷、虚心接受意见的学者风度，且诙谐有趣。

《与陈瓠翁》：

吴门返棹，急欲过从，苦为泥泞缩步，雨霁即叩东山也。

河豚之命，向志心版，甫到即向罟师觅之。其不能必得者，以吴侬读鲁论太熟，坚守不时不食之戒，稍稍过期，即望而却走。故无有持众忌之物，而求售于人者。然于此时卖新丝、粜新谷者，则竟有之，岂鲁论止戒后时、不戒先时耶？附及以博一笑。

这一小札，显示了李渔这位美食家真是吃河豚的行家老手！

《向邻翁索菊》：

向人索花，于己为韵事，于人则不韵甚矣。然不向吾翁索花，于己为不韵，于吾翁亦非韵事也。闻今岁艺菊独繁，主人旦夕饱看，颇有倦色；且乞者不自我始，敢循例奉丐数本，点缀荒篱。知白衣送酒时，必不能忘旧主人也。

向人索菊，居然编出一套理由来，笠翁真善于辞令！

《柬赵声伯》：

日暮途穷，料无首丘之日，欲得数椽小屋，老于此邦。顾不欲近市，市太喧；不欲居乡，乡有暴客之警。非喧非寂间，呵幸叱尊伻，为羁人留意。

由择居可见李渔对生活的讲究！

《与古灯和尚》：

冗驱出户，竟日方归。闻法驾远临，面壁良久而后去。主人之罪，浮于地狱中人矣！及读佳诗，不胜叹服。有韵士家风，无禅和子气习。颂其诗而知其人，盖逃乎墨而仍不失为倦者也。奉答四首，因不能佳，故以多为贵耳。急欲趋叩，因舆人一卧病，往返二十里之遥，又苦泥泞，非鸡皮老翁能以安步当车者也。容稍晴之日，负荆而往。

与僧人论诗，从和尚诗风居然能看出他是“盖逃乎墨而仍不失为倦者也”，真是好眼力！

李渔的美学思想

李渔的美学思想，无论是戏剧美学，还是仪容美学，或是园林美学，主要体现在《闲情偶寄》这部著作中。

李渔主张戏剧应当十分重视结构，他强调指出："至于结构二字，则在引商刻羽之先，拈韵抽毫之始，如造物之赋形，当其精血初凝，胞胎未就，先为制定全形，使点血而具五官百骸之势。倘先无成局，而由顶及踵，逐段滋生，则人之一身当有无数断续之痕，而血气为之中阻矣。"由此可见，李渔对戏剧的结构是何等地重视啊！他又主张戏剧应当"立主脑"、"减头绪"，他批评当时有的戏剧"不讲根源，单筹枝节，谓多一人可增一人之事。事多则关目亦多，令观场者如入山阴道中，人人应接不暇"；有的戏剧则"逐节铺陈，有如散金碎玉，以作零出则可，谓之全本，则为断线之珠，无梁之屋。作者茫然无绪，观者寂然无声"。就是说，戏剧应当突出主要矛盾冲突，不要将情节搞得过于复杂、散乱，从而使观众在看戏时分散注意力，否则就会大大降低演出效果。李渔还强调编写戏剧作品必须"针线紧密"："编戏有如缝衣，其初则以完全者剪碎，其后又以剪碎者凑成。剪碎易，凑成难，凑成之工，全在针线紧密，一节偶疏，全篇之破绽出矣。”就是说，在概括生活现象、塑造戏剧典型的过程中，务必要使情节十分紧凑。只有这样，才能使戏剧对观众具有强烈的吸引力。在戏剧语言方面，李渔强调“贵显浅”：“曲文之词采，与诗文之词采非但不同，且要判然相反。何也？诗文之词采贵典雅而贱粗俗，宜蕴藉而忌分明；词曲不然，话则本之街谈巷议，事则取其直说明言。凡读传奇而有令人费解，或初阅不见其佳，深思而后得其意之所在者，便非绝妙好词……”这是就戏剧与诗文不同的特色而言。他又说：“传奇不比文章，文章做与读书人看，故不怪其深，戏文做与读书人与不读书人同看，又与不读书之妇人小儿同看，故贵浅不贵深。”这是从戏剧的观赏对象来说的。此论不仅完全从实际出发，且极其精辟。李渔还强调所写剧中人物必须具有独特的个性：“言者，心之声也，欲代此一人立言，先宜代此一人立心，若非梦往神游，何谓设身处地？无论立心端正者，我当设身处地，代生端正之想；即遇立心邪辟者，我亦当舍经从权，暂为邪辟之思。务使心曲隐微，随口唾出，说一人，肖一人，勿使雷同，弗使浮泛，若《水浒传》之叙事，吴道子之写生，斯称此道中之绝技。果能若此，即欲不传，其可得乎？”这更与现代戏剧理论相吻合。

李渔的仪容美学思想也极富特色。他说：“妇人妩媚多端，毕竟以色为主。《诗》不云乎‘素以为绚兮’？素者，白也。妇人本质，惟白最难。常有眉目口齿般般入画，而缺陷独在肌肤者。”李渔强调妇女的美首先必须皮肤白皙细嫩，这是外表的美。他又说：“面为一身之主，目又为一面之主。相人必先相面，人尽知之，相面必先相目，人亦尽知，而未必尽穷其秘。吾谓相人之法，必先相心，心得而后观其形体。形体维何？眉发口齿，耳鼻手足之类是也。心在腹中，何由得见？曰：有目在，无忧也。察心之邪正，莫妙于观眸子……目细而长者，秉性必柔；目粗而大者，居心必悍；目善动而黑白分明者，必多聪慧；目常定而白多黑少，或白少黑多者，必近愚蒙。”李渔从人的眼神论人的柔、悍、慧、愚，其具体论述虽未必完全正确，但通过眼神去了解人的心灵美却是很有道理的。李渔又说：“妇人惟仙姿国色，无俟修容；稍去天工者，即不能免于人力矣。然予所谓‘修饰’二字，无论妍媸美恶，均不可少。俗云：‘三分人材，七分妆饰。’此为中人以下者言之也。然则有七分人材者，可少三分妆饰乎？即有十分人材者，岂一分妆饰皆可不用乎？曰：不能也。若是，则修容之道不可不急讲矣。”李渔在这里既强调了仪容的天然美，还认为人力的修饰也不可缺少，会增加仪容之美，这是非常完整的辩证观点。当然，人力的修饰不能过分，还必须根据个体的不同而异：“珠翠宝玉，妇人饰发之具也，然增娇益媚者以此，损娇掩媚者亦以此。所谓增娇益媚者，或是面容欠白，或是发色带黄，有此等奇珍异宝覆于其上，则光芒四射，能令肌发改观，与玉蕴于山而山灵，珠藏于泽而泽媚同一理也。若使肌白发黑之佳人满头翡翠，环鬓金珠，但见金而不见人，犹之花藏叶底，月在云中，是尽可出头露面之人，而故作藏头盖面之事。”李渔还具体论述了妇女穿着衣服的原则：“妇人之衣，不贵精而贵洁，不贵丽而贵雅，不贵与家相称，而贵与貌相宜。绮罗文绣之服，被垢蒙尘，反不若布服之鲜美，所谓贵洁不贵精也。红紫深艳之色，违时失尚，反不若浅淡之合宜，所谓贵雅不贵丽也。贵人之妇，宜披文采，寒俭之家，当衣缟素，所谓与人相称也。”李渔在这里所强调的衣服贵洁、贵雅、贵与貌相宜的原则，极具实践的价值，也极为精彩。

关于园林美学，李渔亦多有创造。他说：“房舍忌似平原，须有高下之势，不独园圃为然，居宅亦应如是。前卑后高，理之常也。然地不如是，而强欲如是，亦病其拘。总有因地制宜之法：高者造屋，卑者建楼，一法也；卑处叠石为山，高处浚水为池，二法也。又有因其高而愈高之，竖阁磊峰于峻坡之上；因其卑而愈卑之，穿塘凿井于下湿之区。总无一定之法，神而明之，存乎其人，此非可以遥授方略者矣。”李渔强调无论建造住宅与园林，都必须因地制宜，根据地势来设计，从而使其错落有致。李渔说：“性又不喜雷同，好为矫异，常谓人之其居治宅，与读书作文同一致也。譬如治举业者，高则自出手眼，创为新异之篇；其极卑者，亦将读熟之文移头换尾，损益字句而后出之，从未有抄写全篇，而自名善用者也。乃至兴造一事，则必肖人之堂以为堂，窥人之户以立户，稍有不合，不以为得，而反以为耻。常见通侯贵戚，掷盈千累万之资以治园圃，必先谕大匠曰：亭则法某人之制，榭则遵谁氏之规，勿使稍异。而操运斤之权者，至大厦告成，必骄语居功，谓其立户开窗，安廊置阁，事事皆仿名园，纤毫不谬。噫，陋矣！以构造园亭之胜事，上之不能自出手眼，如标新创异之文人；下之至不能换尾移头，学套腐为新之庸笔，尚嚣嚣以鸣得意，何其自处之卑哉！”李渔认为，园林的设计，必须独具手眼，别出心裁，切忌雷同。创辟园林与写文章一样，都须具有自己的特色，都须个性化。李渔还论述了开窗借景的艺术：“开窗莫妙于借景，而借景之法，予能得其三昧。……向居西子湖滨，欲购湖舫一只，事事犹人，不求稍异，止以窗格异之。人询其法，予曰：四面皆实，独虚其中，而为‘便面’之形。实者用板，蒙以灰布，勿露一隙之光；虚者用木作框，上下皆曲而直其两旁，所谓便面是也。纯露空明，勿使有纤毫障翳。是船之左右，止有二便面，便面之外，无他物矣。坐于其中，则两岸之湖光山色、寺观浮屠、云烟竹树，以及往来之樵人牧竖、醉翁游女，连人带马尽入便面之中，作我天然图画。且又时时变幻，不为一定之形。非特舟行之际，摇一橹，变一像，撑一篙，换一景，即系缆时，风摇水动，亦刻刻异形。是一日之内，现出百千万幅佳山佳水，总以便面收之。而便面之制，又绝无多费，不过曲木两条、直木两条而已。世有掷尽金钱，求为新异者，其能新异若此乎？此窗不但娱己，兼可娱人。不特以舟外无穷景色摄入舟中，兼可以舟中所有之人物，并一切几席杯盘射出窗外，以备来往游人之玩赏。何也？以内视外，固是一幅便面山水；而以外视内，亦是一幅扇头人物。”这种开窗手法，所费甚少，所得甚多，真是一种绝妙的园林艺术！关于在园林中制作联匾的原则，李渔说：“凡予所为者，不徒取异标新，要皆有所取义。凡人操觚握管，必先择地而后书之，如古人种蕉代纸，刻竹留题，册上挥毫，卷头染翰，剪桐作诏，选石题诗，是之数者，皆书家固有之物，不过取而予之，非有蛇足于其间也。若不计可否而混用之，则将来牛鬼蛇神无一不备，予其作俑之人乎！”李渔指出联匾不仅要取异标新，还要有所取义，所取之义要与景观的特色相吻合。

总之，李渔的美学思想极其精湛，他多才多艺，在文艺的诸多领域均有创造，不愧为明末清初文坛上一位怪杰。

李渔的生活情趣

谋有道之生的李渔作为一个旧时代无功名的文人，独特的才艺也是上天给予的一种补偿，使得他有资格在权势面前保持人格的尊严和微妙的心理平衡，能够以情趣之心去享受生活。因此，李渔是一个极会享受生活的人，他的生活情趣极其丰富多彩。他的《闲情偶寄》包括戏曲艺术、仪容服饰艺术、房屋建筑艺术、园林艺术、楹联匾额艺术、家具器皿艺术、珍玩器物艺术、饮食艺术、草木花卉艺术、养颐养生艺术等，几乎涉及人生的各个方面，他都细心研究过，并具有独到的看法。可以毫不夸张地说，他是中国封建社会中，最会享受生活的一位文人。

除了本书中其他部分已经提到的不再重复外，这里再着重介绍如下几个方面：

李渔极懂得房屋建筑艺术，他在《闲情偶寄·居室部·房舍第一》中说：

吾贫贱一生，播迁流离，不一其处，虽债而食，赁而居，总未尝稍污其座。……性又不喜雷同，好为矫异，常谓人之葺居治宅，与读书作文同一致也。

土木之事，最忌奢靡，匪特庶民之家，当崇俭朴，即王公大人，亦当以此为尚。盖居室之制贵精不贵丽，贵新奇大雅，不贵纤巧烂漫。

对于房屋的向背、高低、檐头的深浅、吊顶的格式以至于铺地砖的运用等他都有极精到的见解，尤其对于窗栏之设，则极具创新精神。他在《闲情偶寄·居室部·窗栏第二》中说：

吾观今世之人，能变古法为今制者，其惟窗栏一事乎？窗栏之制，日新月异，皆从成法中变出……予往往自制窗栏之格，口授工匠使为之，以为极新极异矣，而偶至一处，见其已设者，先得我心之同然……

窗棂以明透为先，栏杆以玲珑为主，然此皆属第二义；具首重者，止在一字之坚，坚而后论工拙……总其大纲，则有二语：宜简不宜繁，宜自然不宜雕斫。凡事物之理，简斯可继，繁则难久，顺其性者必坚，戕其体者易坏。木之为器，凡合笋使就者，皆顺其性以为之者也；雕刻使成者，皆戕其体而为之者也；一涉雕镂，则腐朽可立待矣。

李渔设计了许多种窗棂格子，都符合他所说的"宜简不宜繁，宜自然不宜雕斫"这两个原则。

李渔对于墙壁的建造，也具有卓识。他在《闲情偶寄·居室部·墙壁第三》中，对于建造界墙、女墙、厅壁、书房壁等，都提出了具体的看法，也都有创新精神。例如对于书房壁，他指出："书房之壁，最宜潇洒。欲其潇洒，切忌油漆。"他提倡用纸糊，而对怎样用纸糊，又提出了许多具体要求。比如他认为：

壁间书画自不可少，然粘贴太繁，不留余地，亦是文人俗态。天下万物，以少为贵。步幛非不佳，所贵在偶尔一见，若王恺之四十里，石崇之五十里，则是一日中哄市，锦绣罗列之肆廛而已矣。看到繁缛处，有不生厌倦者哉？

李渔极善于堆叠假山，他不仅在自己的园林里堆叠，还常去友人的园林显技。《闲情偶寄·居室部·山石第五》中说：

幽斋磊石，原非得已。不能致身岩下，与木石居，故以一卷代山，一勺代水，所谓无聊之极思也。然能变城市为山林，招飞来峰使居平地，自是神仙妙术，假手于人以示奇者也，不得以小技目之。且磊石成山，另是一种学问，别是一番智巧。

他对于假山石的鉴赏，极其精到：

言山石之美者，俱在透、漏、瘦三字。此通于彼，彼通于此，若有道路可行，所谓透也；石上有眼，四面玲珑，所谓漏也；壁立当空，孤峙无倚，所谓瘦也。然透、瘦二字在在宜然，漏则不应太甚。若处处有眼，则似窑内烧成之瓦器，有尺寸限在其中，一隙不容偶闭者矣。塞极而通，偶然一见，始与石性相符。

李渔认为，贫士也能堆叠、观赏假山，实则是他夫子自道式的经验之谈：

贫士之家，有好石之心而无其力者，不必定作假山。一卷特立，安置有情，时时坐卧其旁，即可慰泉石膏肓之癖。若谓如拳之石亦须钱买，则此物亦能效用于人，岂徒为观瞻而设？使其平而可坐，则与椅榻同功，使其斜而可倚，则与栏杆并力；使其肩背稍平，可置香炉茗具，则又可代几案。花前月下，有此待人，又不妨于露处，则省他物运动之劳，使得久而不坏，名虽石也，而实则器矣。且捣衣之砧，同一石也，需之不惜其费；石虽无用，独不可作捣衣之砧乎？王子猷劝人种竹，予复劝人立石；有此君不可无此丈。同一不急之务，而好为是谆谆者，以人之一生，他病可有，俗不可有，得此二物，便可当医，与施药饵济人，同一婆心之自发也。

李渔对于珍玩器物也别有见地，他在《闲情偶寄·器玩部·制度第一》中说：

予生也贱，又罹奇穷，珍物宝玩虽云未尝入手，然经寓目者颇多。每登荣朊之堂，见其辉煌错落者星布棋列，此心未尝不动，亦未尝随见随动，因其材美，而取材以制用者未尽善也。至入寒俭之家，睹彼以柴为扉，以瓮作牖，大有黄虞三代之风，而又怪其纯用自然，不加区画。如瓮可为牖也，取瓮之碎裂者联之，他大小相错，则同一瓮也，而有哥窑冰裂之纹矣；柴可为扉也，取柴之入画者为之，使疏密中窾，则同一扉也，而有农户儒门之别矣。人谓变俗为雅，犹之点铁成金，惟具山林经济者能此，乌可责之一切？予曰：垒雪成狮，伐竹为马，三尺童子皆优为之，岂童子亦抱经济乎？有耳目即有聪明，有心思即有智巧，但苦自画为愚，未尝竭思穷虑以试之耳。

李渔颇为自矜地夸耀他自制的铜印说：

予性最懒，故每事必筹躲懒之法，尝制一木印印灰……初不过为省繁惜劳计耳，讵料制成之后，非止省力，且极美观，同志相传，遂为一定不移之法。

用此木印制成铜模后再制成一板铜印：

湖上笠翁实有裨于风雅，非僭词也。请名此物为“笠翁香印”。方之眉公诸制，物以人名者，孰高孰下，谁实谁虚，海内自有定评，非予所敢饶舌。

李渔也是清代一位著名的美食家，但是他固然重视美食，难能可贵的是他还能认识到饮食不当会带来疾病，“其疾病之生，死亡之速，皆饮食太繁，嗜欲过度之所致也”。他所提出的“素食第一”的观点，符合现代的科学论断。他在《闲情偶寄·饮馔部·素食第一》中说：

声音之道，丝不如竹，竹不如肉，为其渐近自然。吾谓饮食之道，脍不如肉，肉不如蔬，亦以其渐近自然也。

而他又特别强调蔬菜的新鲜，也极符合当今的科学论断：

论蔬食之美者，曰清，曰洁，曰芳馥，曰松脆而已矣。不知其至美所在，能居肉食之上者，只在一字之鲜。《记》曰：“甘受和，白受采。”鲜即甘之所从出也，此种供奉，惟山僧野老躬治园圃者，得以有之，城市之人向卖菜佣求活者，不得与焉。然他种蔬食（按指除竹笋外），不论城市山林，凡宅旁有圃者，旋摘旋烹，亦能时有其乐。

他特别提倡多吃竹笋、蕈（菌类）、莼等蔬菜，这也符合现代的科学观点。

关于吃肉，李渔的看法更令人感到惊讶：

“肉食者鄙”，非鄙其食肉，鄙其不善谋也。食肉之人之不善谋者，以肥腻之精液，结而为脂，蔽障胸臆，犹之茅塞其心，使之不复有窍也。

多吃肉使体内脂肪堆积形成疾病，这么科学的论断居然出现于三百四十多年前一个并非从医的文人之口，真乃奇观！

至于烹鱼的讲究，也令人佩服：

食鱼者首重在鲜，次则及肥，肥而且鲜，鱼之能事毕矣。然二美虽兼，又有所重在一者。……烹煮之法，全在火候得宜，先期而食者肉生，生则不松；过期而食者肉死，死则无味。迟客之家，他馔或可先设以待，鱼则必须活养，候客至旋烹。鱼之至味在鲜，而鲜之至味又只在初熟离釜之片刻，若先烹以待，是使鱼之至美，发泄于空虚无人之境；待客至而再经火气，犹冷饭之复炊，残酒之再热，有其形而无其质矣。煮鱼之水忌多，仅足伴鱼而止，水多一口，则鱼淡一分……更有制鱼良法，能使鲜肥迸出，不失天真，迟速咸宜，不虞火候者，则莫妙于蒸。置之镟内，入陈酒、酱油各数盏，覆以瓜姜及蕈笋诸鲜物，紧火蒸之极熟。此则随时早暮，供客咸宜，以鲜味尽在鱼中，并无一物能侵，亦无一气可泄，真上着也。

李渔也精于吃蟹，他在《闲情偶寄·饮馔部·蟹》中说：

予于饮食之美，无一物不能言之，且无一物不穷其想象，竭其幽渺而言之；独于蟹螯一物，心能嗜之，口能甘之，无论终身一日皆不能忘之，至其可嗜、可甘与不可忘之故，则绝口不能形容之。此一事一物也者，在我刚为饮食中之痴情，在彼则为天地间之怪物矣。予嗜此一生，每岁于蟹之未出时，即储钱以待；因家人笑予以蟹为命，即自呼其钱为“买命钱”。自初出之日始，至告竣之日止，未尝虚负一夕，缺陷一时。同人知予癖蟹，招者饷者，皆于此日，予因呼九月十月为“蟹秋”。虑其易尽而难继，又命家人涤瓮酿酒以备糟之醉之之用。糟名“蟹糟”，酒名“蟹酿”，瓮名“蟹甓”，向有一婢勤于事蟹，即易其名为“蟹奴”，今亡之矣。蟹乎!蟹乎!汝于吾之一生，殆相终始者乎？所不能为汝生色者，未尝于有螃蟹无监州处作郡，出俸钱以供大嚼，仅以悭囊易汝。即使日购百筐，除供客外，与五十口家人分食，则入予腹者有几何哉？蟹乎！蟹乎！吾终有愧于汝矣。

蟹之为物至美，而其味坏于食之之人。以之为羹者，鲜则鲜矣，而蟹之美质何在？以之为脍者，腻则腻矣，而蟹之真味不存。更可厌者，断为两截，和以油、盐、豆粉而煎之，使蟹之色、蟹之香与蟹之真味全失。此皆似嫉蟹之多味，忌蟹之美观，而多方蹂躏，使之泄气而变形者也。世间好物，利在孤行，蟹之鲜而肥，甘而腻，白似玉而黄似金，已造色香味三者之至极，更无一物可以上之。和以他味者，犹之以爝火助日，掬水益河，冀其有裨也，不亦难乎？凡食蟹者，只合全其故体，蒸而熟之，贮以冰盘，列之几上，听客自取自食。剖一筐，食一筐，断一螯，食一螯，则气与味纤毫不漏。出于蟹之躯壳者，即入于人之口腹，饮食之三昧，再有深入于此者哉？凡治他具，皆可人任其劳，我享其逸，独蟹与瓜子、菱角三种，必须自任其劳。旋剥旋食则有味，人剥而我食之，不特味同嚼蜡，且似不成其为蟹与瓜子、菱角，而别是一物者。此与好香必须自焚，好茶必须自斟，童仆虽多，不能任其力者，同出一理。讲饮食清供之道者，皆不可不知也。

你看他，讲得头头是道，都是内行话。吃蟹之精细，真要令

《芥子园画谱》花卉（二）

人叹为观止。

李渔酷爱花卉。他在《闲情偶寄·居室部·房舍第一》中说："性嗜花竹，而购之无资，则必令妻孥忍饥数日，或耐寒一冬，省口体之奉，以娱耳目，人则笑之，而我怡然自得也。"

康熙五年丙午（1666），李渔五十六岁，刚搬家到秣陵（今南京），经济十分窘迫。他从外地风尘仆仆地赶回家过春节，是靠典当衣服度过的。勉强过了节，为了观赏水仙花，竟然又去典卖首饰，家里人劝阻也不听。

《闲情偶寄》卷五写道："予之家秣陵，非家秣陵，家于水仙之乡也。记丙午之春，先以度岁无资，衣囊质尽，迨水仙开时，则为强弩之末，索一钱不得矣。欲购无资，家人曰：'请已之。一年不看此花，亦非怪事。'予曰：'汝欲夺吾命乎？宁短一岁之寿，勿减一岁之花。且予自他乡冒雪而归，就水仙也。不看水仙，是何异于不返金陵，仍在他乡卒岁乎？’家人不能止，听予质簪珥购之。”

李渔为什么如此欣赏水仙花呢？他在《闲情偶寄》卷五中又继续写道：“予之钟爱此花，非痴癖也。其色其香，其茎其叶，无一不异群葩，而予更取其善媚。妇人中之面似桃，腰似柳，丰如牡丹、芍药，而瘦比秋菊、海棠者，在在有之；若如水仙之淡而多姿，不动不摇，而能作态者，吾实未之见也。以‘水仙’二字呼之，可谓摹写殆尽。使吾得见命名者，必颓然下拜。”

家里人劝阻他，一年不看水仙花，也不要紧，他竟然说出“宁短一岁之寿，勿减一岁之花”的话来。

李渔欣赏花卉，颇有其独到之处。比如他欣赏荷花：

芙蕖与草本诸花，似觉稍异；然有根无树，一岁一生，其性同也。《谱》云：“产于水者曰草芙蓉，产于陆者曰旱莲。”则谓非草本不得矣。予夏季以此为命者，非故效颦于茂叔，而

《芥子园画谱》花卉（三）

袭成说于前人也；以芙蕖之可人，其事不一而足。请备述之：群葩当令时，只在花开之数日；前此后此皆属过而不问之秋矣。芙蕖则不然。自荷钱出水之日，便为点缀绿波，及其劲叶既生，则又日高一日，日上日妍，有风既作飘摇态，无风亦呈袅娜之姿，是我于花之未开，先享无穷逸致矣。迨至菡萏成花，娇姿欲滴，后先相继，自夏徂秋，此时在花为分内之事，在人为应得之资者也。及花之既谢，亦可告无罪于主人矣，乃复蒂下生蓬，蓬中结实，亭亭独立，犹似未开之花，与翠叶并擎，不至白露为霜，而能事不已。此皆言其可目者也。可鼻则有荷叶之清香，荷花之异馥，避暑而暑为之退，纳凉而凉逐之生。至其可人之口者，则莲实与藕，皆并列盘餐，而互芬齿颊者也。只有霜中败叶，零落难堪，似成弃物矣，乃摘而藏之，又备经年裹物之用。是芙蕖也者，无一时一刻，不适耳目之观；无一物一丝，不备家常之用者也。有五谷之实，而不有其名；兼百花之长，而各去其短。种植之利，有大于此者乎？予四命之中，此命为最。无如酷好一生，竟不得半亩方塘，为安身立命之地；仅凿斗大一池，植数茎以塞责，又时病其漏，望天乞水以救之。殆所谓不善养生，而草菅其命者哉。

有一首曲更能显示李渔的爱花之情。《一枝花·有怪子四壁悬画独无花卉翎毛者，欲以名迹见假，笑而答之》写道：

有画无庸借，懒向春时挂。挂愁桃李笑，鹦哥骂。既说好龙真，何劳叶公假。满眼春无价，醉芍药花前，卧在海棠枝下。也尝倩丹青摹写，鸟向枝头跨，纵能言不语终嫌诈。争似率天真，不肯乔妆哑。欲展名人画，须待春归莺老，荼蘼开谢。

爱真花而不爱画花，爱真鸟而不爱画鸟，这就是李渔的个性。

或许读者会为他的精神享受胜于物质享受而感到惊讶。其实，李渔是个生活情趣极浓的人，他曾经说过“谋有

《芥子园画谱》禽鸟

道之生，即是人间大隐”。用今天的话来说，就是最会享受生活的人，才是人间真正的隐者。他的一生，不追求高官厚禄，只是仔细经营与追求一切日常生活的享受，包括戏剧、诗文、音乐、美食、旅游、花草、园林，以至于女色。

李渔的养生之道，强调“知足”与“退一步”法。前者他举郭子仪与李广为例：

善行乐者，莫过于唐之郭子仪；而不善行乐者，则莫如李广。子仪既拜汾阳王，志愿已足，不复他求，故能极欲穷奢，备享人臣之福；李广则耻不如人，必欲封侯而后已，是以独当单于，卒致失道后期而自刭。故善行乐者必先知足。二疏云："知足不辱，知止不殆。"不辱不殆，至乐在其中矣。

对于后者，他说：

穷人行乐之方，无他秘巧，亦止有退一步法。我以为贫，更有贫于我者；我以为贱，更有贱于我者；我以妻子为累，尚有鳏寡孤独之民，求为妻子之累而不能者；我以胼胝为劳，尚有身系狱廷，荒芜田地，求安耕凿之生而不可得者。以此居心，则苦海尽成乐地……所谓退步者，无地不有，无人不有。想至退步，乐境自生。予为两间第一困人，其能免死于忧，不枯槁于迍邅蹭蹬者，皆用此法。

这绝不是阿Q式的精神胜利法，而是强调颐养以清心淡泊为第一要务。当然，具体的养生之法还各个不同，在《闲情偶寄·颐养部》中，李渔还叙述了家庭、道途、春夏秋冬行乐之法等，由此可见，李渔是极善于养生的。

跋

为了纪念李渔400周年诞辰，《江海文化丛书》将本书列入其中，具有极其重要的意义。

首先，李渔已成为全世界瞩目的文艺大师，对他在文艺各个领域的创造性成就，应当重新认识，重新评价，从而充分肯定这位大师为人类所作出的贡献。

其次，四个世纪以来，中国社会已发生了翻天覆地的变化，在中国共产党的领导下，中国正全面地向小康社会迈进，人民开始全面地享受生活。“谋有道之生”的李渔，是我国封建社会中最会享受生活的一位文人，他在生活的各个领域中的丰富经验，将对当代中国人民具有极大的启迪作用。

复次，中国已开始以文化为建设重点的时期，文化建设既需要创新，也需要继承，是在继承基础上的创新。对于李渔在文艺各个领域的成就，也应得到重视与研究。

最后，李渔的祖籍虽是浙江兰溪，但他出生于如皋，青少年时期是在如皋度过的，受如皋文化的濡染极深，照现在的观点，他应当是地地道道的南通籍古代作家。但是，由于种种原因，南通人民还没有认真地接纳他、纪念他。如皋虽在近年开辟了李渔纪念馆，但规模还很小，人们重视程度还不够，影响还不大。如今，江海文化研究会开了个头，希望能引起各方面的关心和重视，扩大其影响，使李渔成为南通人民心目中真正的艺术大师。

2011年9月

参考书目

《李渔全集》，浙江古籍出版社1992年版。

萧容标校《十二楼》，上海古籍出版社1986年版。

于文藻点校《李笠翁小说十五种》，浙江文艺出版社1884年版。

黄天骥、欧阳光选注《李笠翁喜剧选》，岳麓书社1984年版。

王季思主编《中国十大古典喜剧集》，上海文艺出版社1982年版。

杜书瀛《李渔美学思想研究》，.中国社会科学出版社1998年版。

杜书瀛《论李渔的戏剧美学》，中国社会科学出版社1982年版

沈新林《李渔新论》，苏州大学出版社1997年版。

肖荣《李渔评传》，浙江文艺出版社1985年版。